歴史文化ライブラリー
488

戸籍が語る古代の家族

今津勝紀

文館

目　次

今に伝わる古代の戸籍——プロローグ

日本の戸籍制度

海外旅行に出かける際にはパスポート（旅券）を準備するが、その申請に必要なのが戸籍謄本《こせきとうほん》・戸籍抄本《しょうほん》だ。私たちは、出生・死亡・婚姻などを役所に届けるが、それらは戸籍原本に記載される。日本の現行戸籍法《こせきほう》第六条には「戸籍は、市町村の区域内に本籍を定める一の夫婦及びこれと氏を同じくする子ごとに、これを編製する。ただし、日本人でない者（以下「外国人」という。）と婚姻をした者又は配偶者がない者について新たに戸籍を編製するときは、その者及びこれと氏を同じくする子ごとに、これを編製する」とある。戸籍法が明治四年（一八七一）に施行され、それにもとづき翌年の明治五年に戸籍が作成されたのが近代的な戸籍制度の出発点で、それ以降、何回かの法改正を経て現行の制度にいたっている。近代国家が国民を登録・把握する制度は、諸外国ではまちまちなのだが、日本はこの戸籍による登録制度を維持しており、日本においては、戸籍が国民の根本的な身分台帳としての機能を果たしている（遠藤正隆『戸籍と無戸籍』）。なお、明治五年の干支《かんし》が壬申《みずのえさる》であるので、この時作成された戸籍を壬申戸籍《じんしんこせき》と呼び習わすのが通例だ。

現行の戸籍は夫婦と氏を同じくする子により編まれるのだが、夫婦の形は歴史的に変化しつづけている。明治期には男性の戸主《こしゅ》が定められ、家督《かとく》の継承も戸籍に記載されたが、こうした家族制度とそれを支える家族観は、現代のそれと大きく異なっている。そもそも戸籍に夫婦を登録しない事実婚を選択する人々も増えた。また、法的な夫婦を前提とするため、子についての嫡出規定や女性の再婚禁止期間など制度的な問題が発生する。さらに、現今では貧困などの諸事情による出生届が提出されていない無戸籍者も問題化している。ちなみに、現在では一万人を超える無戸籍者が存在するらしい（井戸まさえ『日本の無戸籍者』）。

戸籍は日本国民としての身分台帳であるため、現行の戸籍法第八条には「戸籍は、正本と副本を設ける」こと、同二項に「正本は、これを市役所又は町村役場に備え、副本は、管轄法務局若しくは地方法務局又はその支局がこれを保存する」ことが定められており、滅多なことでは流出しないように管理されている。とりわけ明治五年の壬申年に作成された戸籍には、一部に平民や士族などの族称、職業、檀那寺《だんなでら》、氏神、前科などの情報が含まれるため、厳重に保管されている。町村合併などが繰り返されたため、一部自治体では管理が行き届かないものもあるやに聞くが、法務局に収められた壬申戸籍は〝遠い将来における学術資料・歴史的資料となり得るもの〟で行政文書には該当しないとされ、非開示扱いになっている（平成十八年度〈行情〉答申第一〇八号）。

一〇〇〇年以上前の戸籍

現行の戸籍は近代に創出されたものだが、人を登録する制度は江戸時代の宗旨人別帳《しゅうしにんべつちょう》に遡り、途中断絶するが、さらに遡って奈良・平安の古代にも存在した。ここでは、現在を遡る遠い過去に関わる学術資料・歴史的資料となった、古代の戸籍について取り上げる。古代の戸籍とはどのようなもので、何が書かれていたのだろうか。またそこから、どのようなことが読み取れるのだろうか。最初に、ここで取り上げる古代の戸籍がどのように伝わったかについて、ふれておこう。それはいくつもの偶然のなせるものだった。

まず古代の戸籍の多くは正倉院文書《しょうそういんもんじょ》として伝わった。現在、奈良の正倉院は宮内庁の管理下にあるが、元来は東大寺の附属施設であった。それが、明治八年（一八七五）になって、宝庫・宝物が宮内省の管理に移される。正倉院は北倉《ほくそう》・中倉《ちゅうそう》・南倉《なんそう》からなるが、そこには、聖武天皇《しょうむてんのう》遺愛の品々をはじめとして、東大寺の重要な資材、東大寺を造営するための古代の役所の品々などが収められていた。

こうした品々は御物《ごもつ》として大切に保管管理されており、毎年秋には奈良国立博物館を会場に正倉院展が開催されている。この展示会では、宮内庁正倉院事務所が管理する聖武天皇ゆかりの御物をはじめとして、当時の経典など多くの品々が出展されるが、年をおって来場者も増加しており、今やすっかり日本の秋の風物詩となっている。

正倉院に伝わる事務帳簿

正倉院には御物と呼ばれる宝物だけでなく、東大寺に関わるさまざまな文書類が含まれていたのだが、その代表的なものがいわゆる正倉院文書だ。正倉院文書は東大寺の正倉院に伝来した文書群の総称だが、正倉院には奈良時代に相当する八世紀に行われた東大寺の造営にまつわる事務帳簿、さらに仏典を写す事業で作成された事務帳簿が伝わった。

東大寺の造営は、聖武天皇の発願によりはじまった一大国家プロジェクトであり、この事業を遂行するために特別に設けられた役所が造東大寺司《ぞうとうだいじし》である、天平二十年（七四八）に設置された造東大寺司は律令で設置された役所と同等の四等官《しとうかん》で構成され、長官以下の多数の官人が所属した。造東大寺司の下には、政所《まんどころ》・木工所・造瓦所《ぞうがしょ》・鋳所・写経所・造物所・造仏所・山作所・木屋所といった多くの「所《ところ》」という組織が設けられ、それぞれ名称からわかるような現業に従事した。造東大寺司は延暦八年（七八九）に廃止されるまで機能するが、これらの「所」は奈良だけでなく、その周辺にも設けられたので、そうした出先機関とも文書を通じてやりとりをしていた。この造東大寺司の事業にかかる事務帳簿が正倉院文書の正体なのだが、とりわけ、多くの事務が発生したのが写経所である。

現在のような印刷技術のない時代のことなので、仏典は人が手で書き写した。すべての仏典を一切経《いっさいきょう》と言うが、これだけでほぼ五〇〇〇巻となる。一切経の書写にいたらずとも、特定の経典の書写を行う個別プロジェクトも進行した。東大寺の写経所では、こうした写経事業が断続的につづいたのである。

日本には、六世紀に仏教が伝わるが、日本のような辺境の国で仏典を揃えることは一苦労である。仏典は元来、インドで生まれたものが中国に伝わって漢訳されるのだが、その漢訳仏典を日本は継受する。中国で仏典が漢訳されるに際して、幾通りかの翻訳がなされることもあった。

例えば、インドでまとめられた『インド史』全一〇巻は、中国で翻訳されるに際し、最初はA社の『インド史』としてまとめられるが、後にB社も『インド史』の翻訳を行ったりもする。そうすると同じタイトルでも全一〇巻の版組や翻訳内容が異なる場合が発生する。日本に『インド史』全一〇巻を将来するにあたって、前半をA社のもので、後半はB社のものというように、取り混ぜられて、揃えられたりもした。そのため学僧は仏典の校訂作業を行うのである。

そこで経巻を貸し借りして、どうにか揃えるのだが、そうした写経事業は内裏や皇后宮《こうごうぐう》職《しき》、貴族の家などで個別に行われており、相互に経典の貸し借りを行った。その出納《すいとう》も大変な事務である。また経典を写す人を写経生といったが、写経生に紙や筆・墨をどれだけ支給したか、誰がどの経巻をどれだけ写したか、事業の進捗をめぐっての進行管理の事務が発生する。写経生の労務管理も必要だ。誰が何日働いて、どれだけミスをしたかなども記録された。報酬の前借りや休暇の申請もある。実に膨大な事務が発生するのだが、これが写経所の文書・帳簿群だ。

帳簿裏の公文書

写経所では、これらの帳簿類は題簽《だいせん》を付して巻軸に継がれた巻子《かんす》の状態で管理されるのだが、そうした事務帳簿の料紙には廃棄された公文書が再利用された。当時、紙はやはり貴重なのだが、律令行政は文書主義で運用されており、毎年膨大な量の公文書が作成され、地方からも中央政府に提出されていた。そうした地方から中央に提出された公文書をはじめとして、中央政府で現用・保存期限の過ぎたものが、反故紙《ほごし》として造東大寺司に下げ渡されたのである。そうして反故にされた紙をひっくり返して、公文書の裏面を再利用して造東大寺司の事務帳簿が作られたのである。

現在のように正倉院文書が整理されるのは江戸時代以降のことで、それ以前はこうした造東大寺司の事務帳簿は巻子状態で、ひっそりと一千年ほど正倉院の中に眠っていたわけである。一千年の眠りのため、なかには湿気でロウソク状に固まってしまい、開くことのできなくなったものもある。しかし、江戸時代の天保年間（一八三〇年代）に穂井田忠友《ほいだただとも》が、正倉院文書の整理を試み、現在の姿へと形をかえていった。穂井田忠友は和歌にも通じた高名な古典学者で、奈良奉行の推薦を受けて整理作業が依頼されたものだが、穂井田はその整理を通じて、事務帳簿の裏面が反故とされた公文書であることを発見する。

古代の公文書には、作成した機関ごとに印が押されるのが通例なのだが、穂井田はその印面に注目したのである。印面のあるものを切断して抜き出して、役所の順番で並べ直し正集と称される文書を編集したのである。現在、正集第一巻の冒頭は天平十七年の神祇官《じんぎかん》から民部省《みんぶしょう》に出された「移《い》」という公文書ではじまり、中宮職《ちゅうぐうしき》の「解《げ》」という公文書につづくが、その間は江戸時代の紙で継がれている。

正倉院文書の整理は明治年間にも行われ、続修・続修後集・続修別集・塵芥・続々修が編まれ、現在に伝わるのだが、こうした整理の結果、それまで東大寺正倉院に眠っていた写経所文書群の原形は大きく変容してしまった。整理の過程で、切り貼りが行われたため、もともとの順番と異なって配列されたものや、正倉院外に流出してしまったものもある。

歴史の史料は、書いてある文字だけに意味があるのではなく、その文字がどのような媒体で伝わったのか、そこにどのような意味があるのか、などさまざまな情報が必要になる。そのため、正倉院文書の研究も江戸時代の整理以前の姿がどのようなものであったのか、それをふまえて公文書の形を復原するなどの作業が必要になるのであり、少々手間のかかる史料群になってしまった。また、欠損部分などどうにもならないものもある。

毎年の正倉院展でもこれらの文書類は必ず何点か展示されている。以前は比較的観覧者も少なかったのだが、近年ではこうした文書の展示コーナーも人気である。読者の中には、ご覧になった方も多くあるのではと思うが、写経所の事務帳簿の面はどちらかというと乱雑に書かれているため少々読みにくいが、その裏面の公文書の面は、多くの人が「字がきれいだねー」、「昔の人でもこんな字が書けたんだ」と驚く。紙の仕上げも丁寧である。

こちらは公文書であるため、多少現行の字体と異なるものもあるが、多くは楷書《かいしょ》で書かれており、慣れれば現代人でも容易に読めるものだ。昔でも公的機関で作成する公文書はこのように整った字体で作成され、保管年限を過ぎると払い下げられ、反故された面が二次的に利用されたのである。

反故にされた公文書には、さまざまなものが含まれるが、地方政府の財政支出の帳簿や人々を登録した戸籍などもあり、律令制の実態を示す貴重な史料となっている。いずれも意図して残されたものではなく偶然残ったものなのだが、この偶然に感謝しなければならないだろう。正倉院文書以外にも、平安時代の戸籍も延喜二年（九〇二）の阿波《あわ》国、延喜八年の周防《すおう》国、寛弘元年（一〇〇四）の讃岐《さぬき》国などの断簡が伝わるが、本書であつかう古代の戸籍とは、主として、こうして残されたものである。

反故紙が偶然に残された

日本が手本とした中国古代の戸籍も砂漠地帯で見つかっているが、それはきわめて断片的なものばかりである。もちろん、日本のものを遡る最古の戸籍も中国では確認されているが、残念なことに、ごくごく一部の断片にすぎない。それに対して、正倉院文書に含まれる戸籍は、反故面の接続を確認すると全体のかなりの部分が復原できたりもする。実は世界的にも希有な史料群なのである。西洋では中世の教会の教区文書を使って、人口動態の分析に用いられたりするが、日本の古代戸籍の方が格段に古い。こうしたまとまった調査データは世界でも稀である。

現在の戸籍は国籍を保証する国民の登録制度であるが、古代の戸籍は律令国家の支配下で天皇に政治的に従属する人々を登録する制度であった。戸籍に登録された人々には口分《くぶん》田《でん》が班給《はんきゅう》され、毎年作成される計帳《けいちょう》に登録された戸には調庸《ちょうよう》などの租税負担が課せられた。同じ戸籍といえども制度の目的は異なり、変化しているのだが、戸籍には戸を単位としたまとまりが示される。そこから読み取れる古代の人と人との結びつきはどのようなものであったか、古代戸籍の世界を紹介したいと思う。

古代の戸籍

戸の源流と戸籍の成立

戸という漢字は片開きの扉の意味で、両扉が門である。そこから、戸は扉を共有するまとまりを意味するようになる。こうした戸の登録制度というのは、いつ頃からはじまるのであろうか。まず、この点にふれておこう。日本古代の戸籍制度の源流は中国にあった。

中国古代の戸籍

中国では紀元前の秦漢帝国の成立以来、戸を単位に戸を構成する人、すなわち戸口総数の把握が行われるようになる。こうした戸を単位に戸口を登録したものが戸籍である。『漢書』地理志には、例えば「民戸千二百二十三万三千六十二、口五千九百五十九万四千九百七十八」とあり、漢王朝の支配下の戸数とその戸を構成する戸口《ここう》の総数が記載されている。

これ以降、中国では歴代王朝の正史に戸口統計が掲出されるのが慣例化するが、生物である人類にとって、人が生まれ増えることは何より大切である。戸口の増益《ぞうえき》、すなわち人口の増加は喜ぶべきことであるとともに、そうした人間を統治する各王朝の実績を具体的に示すものでもあった（池田温『中国古代籍帳研究』）。

中国古代の戸籍そのものは、二十世紀初頭に行われた内陸アジアの探検により、いくつか発見されている。内陸アジアの敦煌《とんこう》やトルファンなどの砂漠地帯は、乾燥しているため、有機物の腐敗が進行せず紙が残ったのだが、とりわけ敦煌では九世紀・十世紀頃の大量の寺院関係の文書が発見されている。そうした敦煌文書に廃棄された公文書の紙背《しはい》を二次利用したものが含まれており、その中に五胡《ごこ》十六国《じゅうろっこく》の一つ西涼《せいりょう》の建初十二年（四一六）正月の敦煌郡敦煌県西宕郷高昌里籍がある。この戸籍が残ること自体、まさに奇跡なのだが、四つの紙片に三六人分の個人名と年齢・課税区分が記されている。中国においては戸籍とともにさまざまな帳簿が作成されて支配が実現していたが、こうした戸口の把握は、差科《さか》、すなわち人々を徴発して動員することを目的としてなされるものであった。

倭人伝にみえる戸

次いで、日本列島ではどうか。まず、戸の源流を遡ってみよう。

古くはいわゆる魏志倭人伝《ぎしわじんでん》、すなわち『三国志《さんごくし》』魏書東夷伝倭人《ぎしょとういでんわじん》条《じょう》に、倭人の国々に戸数・家数がみえる。女王卑弥呼《ひみこ》が支配した邪馬台国《やまたいこく》の場合、七万余戸とある。しかし、この戸がどのような実態をさすのか、また何を数えたのかはよくわからない。

邪馬台国の時代は三世紀であり、ちょうど列島社会は、弥生時代の末から前方後円墳がつくられる古墳時代の初期に相当する。魏志倭人伝には大人《たいじん》・下戸《げこ》という身分がみえ、国の大人は四・五婦、あるいは下戸も二・三婦といったように、それぞれ複数の妻をもつ場合のあることが記載されるが、この当時の人々がどのように結びついて生活していたのか、文字資料から明らかにすることはできない。

埋葬された人骨の分析を行う考古学研究によると、この当時、男性を軸にしたまとまりは明確ではなく、後の男性中心の家族を連想させるような複数の妻というのは実証しがたいところである。むしろキョウダイや男系・女系いずれの血縁も重要な双系制《そうけいせい》的な社会であったと考えられている（清家章『埋葬からみた古墳時代』）。

倭人伝そのものは、卑弥呼の遣使に応えて、魏から倭に派遣された使者の復命書にもとづき記述されたものだが、当時すでに男性を軸とした父系社会であった中国大陸の常識的解釈が作用している可能性もある。魏志倭人伝の記載を鵜呑みにするのは危険であろう。

渡来人の戸

『日本書紀』雄略九年七月朔条は、応神天皇陵の埴輪《はにわ》の馬が走り出したユーモラスな話を伝える。河内《かわち》国飛鳥戸《あすかべ》郡に居住する田辺史伯孫《たなべのふひとはくそん》が、同じく河内の古市《ふるいち》郡の書首《ふみのおびと》加龍《かりゅう》の妻となった娘を訪ねる際のエピソードなのだが、そこに飛鳥戸郡とみえる。雄略王は五世紀後半に実在した倭王「ワカタケル」で、この時代に律令制下にみられるような「国」の制度や「郡」の制度はまだ存在せず、『日本書紀』が成立する八世紀の地方行政システムに擬《なぞら》えて記述されたにすぎないのだが、「飛鳥戸」とみえることは注意されてよい。

　飛鳥戸は、律令制が施行される八世紀に漢字二文字で地名を表記するようになると、河内国安宿《あすかべ》郡と表記されるようになる。ちなみに、聖武《しょうむ》天皇の皇后の光明子《こうみょうし》は安宿媛（アスカベヒメ）と言った。飛鳥戸をウジの名とする氏族は、平安時代に作成された古代氏族の基本台帳である『新撰姓氏録《しんせんしょうじろく》』の右京諸蕃《うきょうしょばん》の項に百済《くだら》の毗有王《ひゆうおう》の末裔、河内諸蕃の項では百済の昆支王《こんきおう》または末多王《またおう》の末裔とする百済からの渡来系の氏族としてみえる。河内国安宿郡にはこうした渡来系の氏族が多く集住していた。雄略紀にみえる田辺史も同様だし、隣接する古市郡の人としてみえる書首も同様に渡来系の氏族である。

　氏族名に戸を含むものはほかにもある。例えば、京都の南禅寺が所蔵する経典のうち大《だい》智度論《ちどろん》巻五四の奥書には天平十四年（七四二）に河内国高安《たかやす》郡の春日戸村主広田《かすがべのすぐりひろた》が父母のために大智度論一〇〇巻を書写したことがみえる（『寧楽遺文』下六一八）。

　また、正倉院文書にふくまれる在家の仏教信者である優婆塞《うばそく》の得度《とくど》を願い出た天平十五年の文書には、河内国高安郡玉祖郷《たまのおや》の戸主として橘戸君麻呂《たちばなべのきみまろ》がみえ、その戸口に八戸《やべの》史族《ふひとのやから》大国《おおくに》というものがみえる（『大日本古文書』八―一六四）。さらに、『日本書紀』雄略二年十月条には史戸《ふひとべ》と河上舎人部《かわかみのとねりべ》の集団を置いたこと、雄略王が史部の身狭村主青《むさのすぐりあお》、檜《ひの》隈民使博徳《くまのたみのつかいはかとこ》らを寵愛したことがみえる。史戸は奈良時代に藤原不比等《ふじわらのふひと》の名をさけるために毗登戸《ひとべ》と改称されるのだが、『続日本紀』天平神護二年（七六六）十月辛丑条には毗登戸東人《あずまひと》らに高安造の姓を賜ったことがみえるので、河内国高安郡にちなむ氏族であったことがわかる。

『日本書紀』欽明元年（五四〇）八月条には、秦人《はたひと》・漢人《あやひと》らを国郡に安置し、戸籍を編んだこと、秦人の戸数が総数七〇五三戸にのぼったことがみえる。この記事自体の信憑性は不明だが、こうした氏族名に戸の表記が含まれるものは渡来系の氏族であり、そうした渡来系の氏族を河内国高安郡・安宿郡などの一定の地域に集住させる際に戸の呼称が用いはじめられたのではないかと考えられている。

戸という表記がこうした渡来系の人々からはじまることは重要で、中国古代の戸が朝鮮半島を経由して日本列島へと伝わってきたものであることを示していよう。有名な高句麗《こうくり》好太王《こうたいおう》の碑文には王陵を維持するための「烟戸《えんこ》」の数が書き上げられているが、朝鮮半島でも烟や戸として人々を把握することが行われており、そうした把握方法及び表記が列島社会へと伝わったものと考えられる（岸俊男「日本古代における「戸」の源流」）。

籍による丁の把握

戸を記録するのが籍なのだが、こうした籍により人々が把握されるようになるのは、いつからだろう。実際に、何らかの帳簿なりを作成したと考えられる初見例は、屯倉（ミヤケ）の開発にともなうものである。

屯倉は三宅・三家などとも表記されるが、和語のミヤケはヤケから派生した語で、ヤケに政治的な最上を示す接頭語のミが付いたものであり、ヤケは屋の在り処、すなわちヤ（屋）やクラ（倉）から構成される経営の拠点を意味する。つまり、ミヤケとは大王など中央の権威の支配にかかる屋の在り処、田地の経営拠点ということになる。

もっとも屯倉という表現以外に、官家などと表現されるものもあり、後に郡の役所を示す郡衙、郡家はコホリノミヤケと読まれた可能性があるなど、ミヤケには多様なものが含まれる。かなり古い起源を持つ畿内の屯倉は、大宝令が施行される八世紀には屯田《とんでん》へとつながり、天皇の食事に供される米を供給したが、ヤマト王権は各地に多様な目的をもって政治的・経済的・軍事的な拠点に屯倉・官家を設置した。

白猪屯倉の丁籍

六世紀にはこうした屯倉が列島各地に設置されるようになるが、とりわけ注目したいのは『日本書紀』欽明十六年（五五五）七月壬午条から敏達十二年（五八三）是歳条にかけてみえるいわゆる白猪屯倉《しらいのみやけ》である。これらの一連の記事によると、欽明十六年に、まず大臣である蘇我宿禰《そがのすくね》稲目《いなめ》・穂積臣磐弓《ほづみのおみいわゆみ》が直々に吉備に派遣され、吉備五郡に白猪屯倉が設置される。吉備は現在の岡山県と広島県東部地域である。翌欽明十七年にも蘇我稲目が派遣され、葛城山田直《かづらきのやまだのあたえ》瑞子《みずこ》を田令《たつかい》として児島屯倉《こじまのみやけ》が置かれた。児島は現在陸続きになっているが、当時は瀬戸内海に浮かぶ島であり、律令制下には備前国児島郡が置かれた。

そして、欽明三十年（五六九）正月には、屯倉に田部《たべ》を置いて耕作させるようになって、一〇年あまりとなるが、租税の負担義務を免れるものが多いとして、王辰爾《おうしんに》の甥にあたる胆津《いつ》に白猪田部の丁《よぼろ》の籍《ふみた》を検定させる。王辰爾は船連《ふなのむらじ》や津連《つのむらじ》の祖とされる百済からの渡来人で、『日本書紀』敏達元年（五七二）五月丙辰条によると、高句麗のもたらした国書をこれまでの史部が三日かけても解読できなかったものをたちまち解読したとの逸話を伝える。丁とは税や労働力などの負担義務を課された人のことで、四月には、そうした丁の籍を定めた功績により、胆津は白猪史《しらいのふひと》の姓を賜っている。

さらに、敏達三年には、稲目に引きつづき馬子《うまこ》大臣が派遣され、白猪屯倉と田部を増したことがみえるが、大臣蘇我稲目や馬子が直接派遣されているように、ヤマト王権が直接的に吉備地域に介入して設けたのが白猪屯倉であった。籍を作成する目的は丁への課税、労働力の徴発にあることは明白で、屯倉の経営はこうした丁の労働により支えられていた。

白猪屯倉については、これまでも児島屯倉との関係や屯倉の機能などが問題とされてきたが、現在では、令制下の備前国児島郡（『平城宮発掘調査出土木簡概報』一二）・備中国哲多《てた》郡（『平城宮発掘調査出土木簡概報』三七）からの木簡に、白猪屯倉が設置されたことに由来する白猪部の存在を示すものが発見されており、吉備の山間部に相当する美作国大庭《おおば》郡にも白猪部を現地で管掌した白猪臣《しらいのおみ》の存在したことが確認できる（『続日本紀』天平神護二年〈七六六〉十二月庚戌・神護景雲二年〈七六八〉五月丙午条）。白猪屯倉は「吉備五郡」に置かれたとあることから考えて、後の美作・備前・備中・備後の広い地域に展開する複数の屯倉をさし、児島屯倉もこの中にふくまれるのであろう。白猪屯倉の経営には蘇我氏の指揮の下、王辰爾が百済からもたらした最新の知識や技術が投入されたのであり、丁籍による人々の管理もそうした技術の一つなのであった。

王権の危機

ところで、こうした労働力の徴発で考えるべきことが一つある。というのは、古代の場合、労働力の徴発すなわち力役と軍役は不可分の関係にあった。六世紀にも人々は軍事的に動員されることがあった。それを地域において担ったのが国造（クニノミヤツコ）である。『隋書《ずいしょ》』倭国伝には「軍尼百二十」とあり、七世紀の初頭の段階で全国に一二〇人ほどの軍尼（クニ）、国造が存在した。

朝鮮半島西南部の百済と倭の関係は四世紀にまで遡り、長い間同盟関係にあったのだが、五世紀末に倭と百済で王権の中枢が同時に崩壊する事態が発生する。百済は朝鮮半島北部の高句麗と対立していたが、四七五年に高句麗の長寿王《ちょうじゅおう》が親征を行い百済の蓋鹵王《がいろおう》を殺害し、百済王権は一時的に滅亡する。これに呼応して宋に使を派遣し、高句麗の掣肘《せいちゅう》を求めたのが倭王武《ぶ》（ワカタケル・雄略王）の上表文《じょうひょうぶん》である。しかし、武もその直後に没し、倭王権も混乱に陥った。

百済は都を南に移し、文周王《ぶんしゅうおう》・三斤王《さんこんおう》を立てて王権の復興をはかるが、収まることはなかった。両王の後に、倭国から送られた東城王《とうじょうおう》が立つも安定せず、同じく倭国生まれの武寧王《ぶねいおう》（斯麻）を待ってようやく王権が復興する。

倭も同様で、雄略王の後に王権をめぐる争いが発生し、ついには天下を統治すべき王がヤマトの中枢部にいない事態に陥る。そこで、飯豊女王《いいとよじょおう》を経て地方王族（オケ・ヲケ）が招かれるも継体王でどうにか復興するのである。

武寧王と継体王が連携していたことは和歌山県橋本市の隅田《すだ》八幡宮に伝わる人物画像鏡の示すところだが、蓋鹵王—雄略王、武寧王—継体王、さらには聖明王—欽明王と百済と倭の王権は歩みを共にして進むのであり、五世紀末に倭王権は大混乱の危機的状況にあった。こうした事態に対応するために、倭では世襲王権が指向され、百済を支援するために朝鮮半島に軍事介入を行うのである。そうした派遣軍の指揮官が国造にほかならなかった。

集団単位の支配関係

ヤマト王権の支配関係は、集団を単位とした貢納と奉仕を内実としており、ヤマト王権を構成する王族や貴族が、地方の服属集団（部）を分有した。具体的には、例えば、刑部《おさかべ》なら忍坂宮《おしさかのみや》に奉仕する集団を意味し、刑部に設定された集団は忍坂宮に人と物を供出した。王宮に出仕した男性は、王宮の警備や下働き、女性の場合は王への食膳の供給などを行い、地元の集団は彼らへの仕送りや、王宮への貢納を行った。

こうした集団を単位とした支配と従属の関係が、ヤマトを拠点とする王族や貴族ごとに形成されるのだが、服属集団の分有という支配体制は国造の軍事動員にとって足かせにほかならなかった。国造は、地域社会のクニにおいて、そうした縦割りで構成された支配関係を横断する形で軍丁の徴発を行っていたからだ。より効率的に人と物を動かすためには、そうした支配体制そのものを組み替える必要があった。

評制の施行

そこで編み出されたのが、人々を領域により区分し把握する統治のシステム、評制である。これにより、それまでの支配関係が止揚され、軍事的徴発の統一がはかられた。

評は「コホリ」と読み、朝鮮語の「コフル」に由来するとも言われている。大化改新詔《たいかのかいしんのみことのり》には律令制下と同様の「郡」という表記と規定があるが、七世紀の金石文《きんせきぶん》や木簡などの史料には「評」と表記されており、郡という表記が成立するのが大宝令の施行による八世紀以降のものであることが明らかとなった。評制は、孝徳朝の大化五年（六四九）に全国で一斉に施行されたもので、国造のクニなどをもとに、それを分割や統合するなどして評が立てられた。評の組織・構成ははっきりしないところもあるが、官人には評督《こおりのかみ》・助督《こおりのすけ》が置かれたようで、なかには国造と見まがう評造《こおりのみやつこ》といった名称もみられる。

次の木簡は、奈良県高市郡明日香村飛鳥の石神遺跡から出土したものだが、評制の成立にともない評の下部組織として五〇戸ずつの「サト」が作られたらしい。石神遺跡からは、こうした大宝令制以前の五十戸を示す木簡が大量に出土している。そのなかに、

・乙丑年十二月三野国ム下評

・大山五十戸造ム下部知ツ

　従人田部児安

（『評制下荷札木簡集成』一〇二）

という木簡がある。これは石神遺跡の東西溝SD4089から出土した木簡で、後の美濃国武《む》芸《ぎ》郡大山里から進上された税物に付けられた荷札である。ここにみえる干支の乙丑《きのとうし》年は、天智四年（六六五）に相当し、評制が成立してあまり間がないと考えられる時期のもので、国＋評＋五十戸の組織がみえることが注目される。この「大山五十戸」は、それまでに確認されていた「白髪部五十戸」や「山部五十戸」などの某部＋五十戸を示さず、地名に五

十戸が付属するものである。すなわち、里《り》の前身である五十戸の編成が、いわゆる部民《べみん》を中心になされたものでないことを示しており、五十戸の編成が一斉に行われたことが想定できる。

五十戸の後身である律令制下の「里」は軍事と徴税のための人為的な組織であったが、評のもとでの五十戸の組織も同じようなことが想定できるであろう。孝徳《こうとく》朝に編成された戸は、軍事と徴税を支える基本単位として構想された点に積極的な意義があった。これこそが、評制を導入した改革の核心なのである。

氏姓の根本台帳としての庚午年籍

『日本書紀』天智九年（六七〇）二月条に、戸籍を作ることがみえるが、天智九年の干支が庚午《かのえうま》であることから、庚午年に作られた戸籍ということで庚午年籍《こうごねんじゃく》と呼ばれる。この庚午年籍が、後世まで氏姓《うじかばね》の基準とされた根本台帳である。律令政府は、大宝二年（七〇二）に戸籍を作成するが、その直後に、戸籍・計帳《けいちょう》は国家の大信であるから、偽りが起きたときのために庚午年籍を定めとして対照するように命じている（『続日本紀』大宝三年七月甲午条）。

律令の規定では、通常の戸籍が五比、一比が六年なので、五比で三〇年を保管年限とするのに対し、庚午年籍は永年保存とされていた（戸令戸籍条）。中央政府が保管していた庚午年籍も傷んできたのか、作成から一六〇年あまりが過ぎた承和六年（八三九）七月には、左右の京職《きょうしき》と五畿内七道の全国に命じて、それぞれの役所で保管していた庚午年籍を複写し進上させ、中務省《なかつかさしょう》の倉庫に収納している（『続日本後紀』承和六年七月壬辰条）。このように庚午年籍は平安時代になっても、氏姓を改める際や良民か賤民かの訴訟などの典拠として、身分・氏姓の根本台帳の役割を果たしていたのだが、平安時代の後期の十一世紀には、「已《すで》に実《じつ》無し」という状況で諸国でも散逸したらしい（『平安遺文』四六〇九）。残念ながらこれは残っていない。

もう一つこの庚午年籍について注意しておきたいのは、戸籍の作成を命じたのと同時に、河内の高安城を修理すること、長門《ながと》に城を一つ、筑紫《つくし》に城二つを築造することが命じられていることで、戸籍に人を登録するのは、盗賊と浮浪を断つだけでなく、これらの城の築造も目的としていたらしいことだ。白村江の戦いに敗れた倭国は、亡命百済人の技術を利用して北部九州と瀬戸内海沿岸に山城《やまじろ》を築き防衛体制を構築するのだが、こうして設けられた山城を朝鮮式山城という。戸籍には多様な機能があるが、現実的には人々を動員することが目的であったのだろう。

良賤身分を定める庚寅年籍

ついで持統三年（六八九）閏八月に、諸国司らに戸籍の作成を命じている（『日本書紀』持統三年閏八月庚申条）。翌年の持統四年九月にも諸国司らに戸籍を戸令にもとづいて作らせることがみえるが、この持統四年

（六九〇）の干支が庚寅《かのえとら》にあたるので、この時作られた戸籍を庚寅年籍《こういんねんじゃく》と呼んでいる。庚寅年籍作成の基礎となった戸令《こりょう》は、持統三年六月に施行された浄御原令《きよみはらりょう》であろう（『日本書紀』持統三年六月庚戌条）。この戸籍の痕跡は後述する大宝二年（七〇二）の御野《みの》国《くに》戸籍にみられる。

庚寅年籍の大きな役割の一つは良賤身分の明確化にあったようだ。古代には公民であるオホミタカラの百姓《ひゃくせい》を良民とし、官司や寺、有力者に隷属する者を賤民とする良賤制があったが、その良と賤を身分的に区分することが行われたらしい。例えば、この戸籍が作成された翌年の持統五年には良賤身分の判定基準が示されており、三月には、もし百姓が兄のために売られた場合には良民とするが、父母により売られた子の場合には賤民とする。負債により賤民に堕《お》とされたものは良民とし、良民の子が奴婢《ぬひ》との間に生まれたとしても良民とすることが定められた（三月癸巳）。翌月には、もし氏族が所有する奴婢であった者が、庚寅年籍を編成する時に賤民の身分から除かれた場合については、その氏族のものが除籍された彼らを自分たちの奴婢であると訴え出ることを禁ずるという措置がとられている（四月朔）。

また大宝令制下の和銅六年（七一三）五月には讃岐国寒川《さむかわ》郡の物部乱《もののべのみだる》ら二六人が庚午年籍以来、良民として戸籍に登録されていたのが、庚寅年籍を作成する際に、誤って飼丁《うまかいのよぼろ》にされてしまった。これは事実とは異なるので、良民身分に戻すよう訴えて認められた例もある（『続日本紀』和銅六年五月甲戌）。飼丁は馬の飼育にあたるもので、令制下には左右馬寮《めりよう》に属し京畿内と美濃・尾張に確認できるが、諸国でも馬を貢上する国々には飼丁が存在したのであろう。讃岐国からも馬の貢納は確認できる（『延喜式』左馬寮式）。良賤の身分そのものは、庚寅年籍を遡って存在したが、それを全社会的に明確化したのが庚寅年籍であり、作成に際しては身分の移動もあったのである。

なお『日本書紀』持統七年正月壬辰条には天下の百姓の服色を規定し、百姓には黄色衣を奴には黒く染めた皁衣《くろきぬ》を着るよう命じているが、これもこうした社会的身分の可視化にほかならないのであり、この時期に良賤身分の明確化が行われたことに関連するだろう。

律令制下の戸籍の制度

律令制下では人々を帳簿に登録して支配が実現するのだが、毎年計帳が作成され、六年に一度戸籍が作成された。これを総称して籍帳ともいう。

奈良時代の地方行政制度は国―郡―里（郷）からなるが、里は五〇戸で構成するのが原則で（戸令為里条）、戸籍と計帳はそれぞれ里（郷）を単位に作られた。律令の規定するところでは、毎年六月三十日以前に京職と国司がそれぞれ任地の管内で計帳手実《しゅじつ》と呼ばれる戸内の人員（戸口《ここう》）を書き上げたものを集め、京職や国衙《こくが》が最終的に押印するなどの形を整え、八月三十日以前に太政官《だいじょうかん》に送ることとなっていた（戸令造計帳条）。

戸籍は、戸籍を作成する年の十一月上旬より作成しはじめ、翌年の五月三十日以前に五〇戸、すなわち里ごとに巻子にまとめ、三通を写して二通を太政官に送り、一通を国に留めること、戸籍の紙の継ぎ目には、「其国其郡其里其年籍」と記すことが定められていた(戸令造戸籍条)。ちなみに中央に送られた戸籍のうち一通は、中務省に送られ調庸納入の帳簿と同様に天皇の「御覧《ぎょらん》」に供されることとなっていた(職員令中務卿一人条義解)。毎年作成される計帳のスケジュールと六年に一度の戸籍の作成スケジュールは連続しているので、戸籍を作成する年にはまず計帳が作成され、それをもとにして戸籍が作成されたらしい。現存する計帳にはその戸の課税額が記載されているように、年ごとの課税の台帳として機能した。戸籍は六年に一度実施される班田《はんでん》の基準台帳としても機能したと考えられる。

現存する戸籍では、大宝二年(七〇二)の御野《みの》国加毛《かも》郡半布《はにゅう》里戸籍・味蜂間《あはちま》郡春部《かすがべ》里戸籍・本簀《もとす》郡栗栖太《くりすた》里戸籍・肩県《かたかた》郡肩々《かたかた》里戸籍・各務《かがみ》郡中《なか》里戸籍・山方《やまがた》郡三井田《みいだ》里戸籍、西《さい》海道《かいどう》の筑前《ちくぜん》国島《しま》郡川辺《かわべ》里戸籍・豊前《ぶぜん》国上三毛《かむつみけ》郡塔《とう》里戸籍・加自久也《かしくや》里戸籍・同仲津《なかつ》郡丁《よぼろ》里戸籍・豊後《ぶんご》国の海部《あま》郡某里戸籍がもっとも古く、これに養老五年(七二一)の下総《しもうさ》国葛《かつ》飾《しか》郡大嶋《おおしま》郷戸籍、倉麻《そうま》郡意宇《おう》郷戸籍、釬托《かとり》郡山幡《やまはた》郷戸籍がつづく。天平期には、天平五年(七三三)の右京《うきょう》計帳、神亀元年(七二四)から天平十四年(七四二)までの近江《おうみ》国志何《しが》郡古市《ふるいち》郷計帳、神亀三年の山背《やましろ》国愛宕《おたぎ》郡出雲《いずも》郷雲上《うんじよう》里計帳・同雲下《うんげ》里計帳、天平五年山背国愛宕郡某郷計帳、天平七年の隼人《はやと》計帳、天平十二年の越前《えちぜん》国江沼《えぬま》郡山背郷計帳が伝わり、天平十二年以前と考えられる阿波《あわ》国計帳は一国分を総計した計帳目録が現存する。この他に、因幡《いなば》国・讃岐《さぬき》国からの計帳断簡が正倉院に伝わり、宮城県の多賀城跡・茨城県の鹿の子C遺跡から漆が付着して保護された計帳断簡が地中より出土している。平安時代の戸籍では延喜二年（九〇二）の阿波《あわ》国戸籍が、また九条家本延喜式の紙背文書として寛弘元年（一〇〇四）の讃岐《さぬき》国大内《おおうち》郡入野《にうのや》郷戸籍などが残っている。

多様な古代戸籍

現存する戸籍では大宝二年籍が多く残されているが、これは大宝二年（七〇二）から三〇年（五比）経過した、天平年間にまとまって払い下げられたことによる。たまたまこの一群の戸籍がまとまって造東大寺司《ぞうとうだいじし》に払い下げられ、二次利用されたので残ったわけである。とりわけ、御野国《みの》（現在の岐阜県）の戸籍が多く残存している。

御野国の戸籍

大宝二年の御野国戸籍では、半布里《はにゅう》戸籍に一一一九人、春部里《かすがべ》戸籍が六六六人、栗栖太《くりすた》里戸籍が四三七人、肩々《かたかた》里戸籍が一三三人、三井田《みいだ》里が一五七人、中里が八六人を記載する。いずれの戸籍も現在は切り離された断簡になっており、大宝二年時の姿をそのまま伝えるものではないが、これらをつなぎ合わせると、おおよそ当時の戸籍がどのようなもの

図1　御野国加毛郡半布里戸籍の継目裏書（正倉院宝物）

であったかを復元することが可能になる。

　では、実際に作成された古代の戸籍はどのようなものであったろう。戸籍はすでに述べたように、里《り》（五〇戸）を単位に作られるのだが、御野国戸籍の冒頭部分の記述は、山方《やまがた》郡三井田里戸籍に残っており、次のようにある（『大日本古文書』一—四九〜五〇）。

　大宝二年十一月御野国山方郡戸籍
三井田里戸数五十戸　上政戸十一 中下一戸 下上二戸　下中一戸 下々八戸
中政戸二十一 下中五戸 下々十六戸　下政戸十八 下上一戸 下中一戸　下々十六戸
口数八百九十九　男四百二十二　有位八 正丁三 次丁三　廃疾一 耆老一
正丁一百五十三之中　兵士三十二　遺一百二十一 鍛一
次丁十　少丁四十一之中　兵士三
遺三十八　小子一百四十四　緑児五十二
廃疾五　篤疾二　耆老七

女四百六十三　　有位次女一　　正女二百十二
次女十五　少女四十　　小女一百二十八
緑女四十五　耆女二十二　　奴七
正奴三　　次奴一　　少奴一
小奴二　　婢七　　正婢四
小婢三

山方郡は現在の岐阜県山県郡・岐阜市の一部、関市の一部にあたり、御野国の中央北西部に位置する。これが戸籍の冒頭の記載で、まず三井田里の総計が記載された。三井田里の戸数は令の規定通り五〇戸からなること、その内訳として上政戸が一一、中政戸が二一、下政戸一八戸であり、それぞれに中下から下々までの戸数が記されている。上政戸・中政戸・下政戸は三等であり、中下から下々は、ここにはみえないが上々から中中もあってのことなので、上々から下々までの九等級があったことになる。後述するが当時の戸は三等戸と九等戸の二種類で分類されていた。

　三井田里の場合、総戸口数八九九人で男性が四二二人、女性が四六三人、奴婢《ぬひ》と呼ばれる隷属身分の者が男性の奴《やっこ》、女性の婢《めのやっこ》それぞれ七人のあわせて一四人からなり、それぞれの内訳が男性と女性の順で記載されていた。ここでは書き直したものをあげているが、

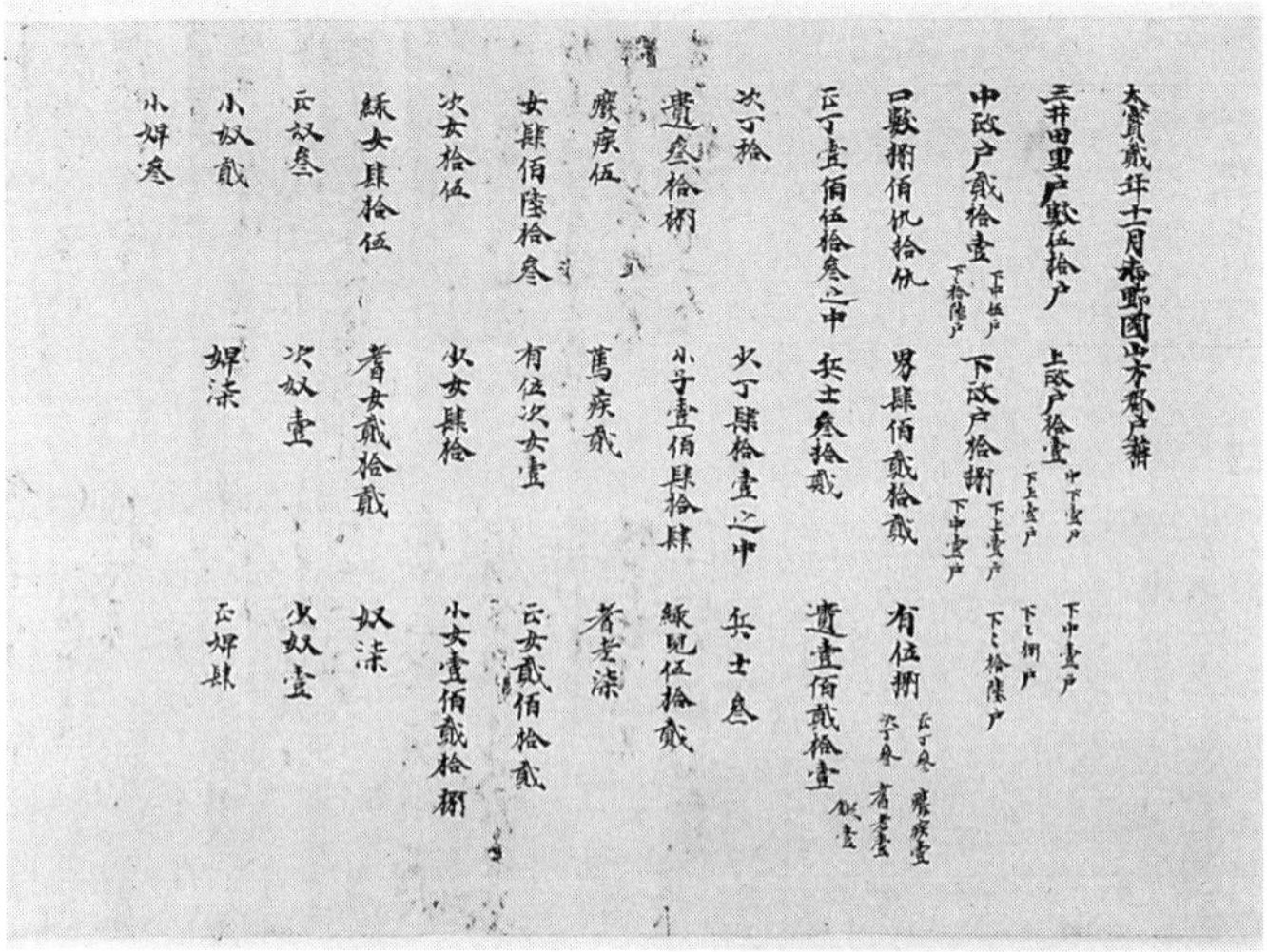

図２　御野国山方郡三井田里戸籍（正倉院宝物）

この数字が大切なのだろう。戸籍の原文では簡略な一・二・三・四などではなく、壱・弐・参・肆といった大字が使われており、数値の改竄《かいざん》ができないようになっていた。

男女奴婢それぞれ年齢による区分が行われており、年齢は戸令三歳以下条の規定に従い、男女とも三歳以下を黄《おう》、一六以下を小《しょう》とし、男性の一七歳から二〇歳を少丁《しょうてい》（中男）、男の二一歳以上、六〇歳以下を正丁《せいてい》、六一歳から六五歳を老（次丁《じてい》）とし、六六歳以上を耆《き》とした。御野国戸籍では女性もこの年齢区分に従って正女・少女などと記載された。二一歳から六〇歳までの正丁が課税の中心を担い、次丁は正丁の二分の一が課税され、一七歳から二〇歳までの男性が少丁で正丁の四分の一が課税された。古代の税制は良民の男性が課税対象であり、こうした課税される男性のことを課丁《かてい》と言った。いずれも数えによる年齢である。

戸籍にみえる戸

以上が冒頭の記載だが、この後にそれぞれの戸の内容が記載される。実際の戸に即してみてみると、例えば、半布里戸籍の場合、次のように記述された（『大日本古文書』一―五七〜五八）。

五保中政戸県主族島手戸口三十 正丁三 兵士一 少丁二 小子九 緑児三 并十八 正女三 次女一 少女一 小女五 緑女二 并十二

下々戸主島手年四十五正丁　嫡子山寸年十九少丁　次真山年十六小子
次百足年十四小子　次小足年四小子　次稲寸年二緑児
戸主弟小島年四十四正丁　嫡子大庭年十六小子　次小庭年十二小子
次広庭年十小子　戸主弟多都年三十七正丁　嫡子金寸年十八少丁
次小寸年十六小子　次赤猪年十四小子　次古猪年十小子
次猪手年一緑児　戸主弟寺年三十二兵士　嫡子広国年一緑児
戸主母県主族古売年六十四次女　児加都良売年二十少女　戸主妻県主族新野売年四十六正女
児真島売年十一少女　小島妻県主族古刀自売年三十五正女　児川島売年十五小女

次川内売年五小女　　次布知売年二緑女　　多都妻県主族弟売年四十二正女
児麻留売年十二小女　　次依売年三緑女　　寺児伊怒売年四小女

御野国戸籍には記載様式の特徴があり、まず、それぞれの戸ごとに、五保《ごほ》・上中下の三等の政戸《せいこ》、さらに上々から下々にいたる九等の戸等が記載された。保は、五つの戸で構成し、保内で逃走した戸があれば、それを探索するとともに、その間、田を代わって耕作して租と調を代わりに納める連帯責任を負う組織である。

半布里戸籍は配列を復元すると、現在の正倉院文書の続集二に収められた断簡からスタートするのだが、その冒頭は石部三田《いそべのみた》の戸の記載でそこに五保の記載がみえず、その次が右にかかげた県主族島手《あがたぬしのやからしまて》の戸でそこに五保とみえる。つまり、石部三田は冒頭第一番目の保の最後に相当し、その前に四戸の記載があったと考えられる。すなわち、御野国加毛《かも》郡半布里戸籍は冒頭部分四戸分が欠落しており、全五八戸より構成されていたと推定される。残存率約九三％の奇跡の戸籍なのである。

これらの記載の後に、その戸の戸口の総計、その内訳が記載される。戸内の人々は、戸主を筆頭に縦一行に三人ずつを記載した。それぞれの戸口の記載順序は男性が先の、男・女のグループ別で、「子」と「児」の用字がそれぞれ男子・女児の区別に対応し、継起する続柄は「次」というように記述される。後述するように大宝令制下の西海道《さいかいどう》戸籍以下の戸籍・計帳は一行に一人ずつ横に記載するので、御野国戸籍の書式は大宝令施行下ではあるが、それ以前の浄御原令《きよみはらりょう》制下のものによると考えられる。おそらく庚寅年籍《こういんねんじゃく》の書式もこのようなものであったろう。

これが一つの戸であり、この戸を単位に籍に登録したのである。この場合だと戸口の総数は三〇人である。当時の戸の大きさは、まちまちであるが、おおよそ二〇人前後であることが多い。現在は夫婦と子どもの単婚小家族の世帯が多いので、この規模には戸惑うかもしれない。ここには戸主県主族島手をはじめとして戸主弟の世帯が含まれるように、古代の戸はいくつかの世帯を含むのが一般的であった。このほかに、戸主との関係はキョウダイだけでなく、もう少し広い範囲の血縁でつながる傍系世帯や、おそらく戸主と女系の血縁でつながる寄口《きこう》や寄人《きじん》の世帯、さらに奴婢などが含まれたりもする。このように古代の戸籍にみえる戸は、現在の感覚では規模の大きなものなのだが、これがどのような実態を反映しているのかは議論のあるところで、後ほどゆっくりと説明したい。

記述される身体

戸籍には残疾《ざんしつ》・廃疾《はいしつ》・篤疾《とくしつ》といった個人の身体的特徴も記述された。

これは、戸令目盲条に規定があるように、身体の障害に関する残疾・廃疾・篤疾の分類に応じて課役《かえき》負担を減免するからだ。古代では課役と総称される租税負担の義務を負うのは男性であったので、残疾・廃疾の記述は男性にのみ行われ、女性の場合は介護者が付される篤疾に相当するものが注記された。

律令の規定するところによると、一目盲・両耳聾・手無二指・足無三指・手足無大拇指・禿瘡《かぶろかさ》無髪《むはつ》・久漏《もるやまい》・下重《げじゅう》・大癭瘇《だいようしょう》などが残疾とされ、正丁の二分の一、すなわち次丁と同じ扱いとなった。癡《おろかひと》・瘂《おふし》・侏儒《ひきひと》・腰背折・一支廃は廃疾とされ、課役が免除された。悪疾・癲狂《てんきょう》・二支廃・両目盲とされるのが篤疾で当然課役負担の義務はないのだが、篤疾には侍《じ》とよばれる介護者が選ばれることになっており、侍となった人の租税が免除されるので、こうした記述が行われた。

半布里戸籍では一四人について残疾八人・廃疾五人・篤疾一人の記載があり、半布里を除く御野国戸籍では一五人について残疾六人・廃疾七人・篤疾二人の記述がある。それぞれに、一目盲・二目盲・一支癈（手・足）・久漏・下重・癲狂といった理由が挙げられている。なお半布里戸籍には、令に規定のない閹人《えんじん》なるものが一例あり、残疾とされているが、閹という漢字は男性性器への宮刑《きゅうけい》を意味し、中国の宦官《かんがん》のようなものが思い浮かぶが詳細は不明である。

一戸一兵士の原則

また兵士の別も記載された。三井田里戸籍では全五〇戸のうち、正丁の兵士が三三人、次丁の兵士が三人で計三六人が兵士であることが明示されている。このほかに武器の製造に関与したと考えられる「鍛」や「弓」など兵士役に関わるものも記載されるのが御野国戸籍の特徴で、三井田里戸籍でも一人が「鍛」とみえる。

兵士の徴発がどのようになされていたのかはわからないことが多いが、おおよそ一戸一兵士の原則が存在したのではないかと推測されている。戸は律令貴族の給与制度にも関係し、位封《いふ》・職封《しきふ》として位階や職位に応じて、戸から収められた調・庸と租の半分が支給されるのだが、この際、戸をある程度平準化する必要があった。実際には、戸の大きさはまちまちであり、こうした平準化が戸籍を作成するたびに行われたわけではないのだが、大宝二年（七〇二）を遡る段階で一定程度の平準化による戸の編成が行われたであろうことは推定できる。その際に課丁数の平準化とともに、大きな負担でもある兵士役を平準化した可能性があり、一つの戸から一人の兵士をだすような操作が行われたのではないかと考えられている（直木孝次郎「一戸一兵士の原則と点兵率」）。

もとより、大宝二年籍ではこの原則は貫徹していないのだが、一戸一兵士の原則を考えるならば、一つの里（五〇戸）で五〇人の兵士を出すことになる。律令制下の軍団制度では五〇人の兵士で一つの隊を構成し、一〇〇〇人の兵士で一軍団を編制することになっていた。つまり里（五〇戸）は軍団の隊と即応するのであり、戸籍が何巻あるかで動員できる兵士の数がすぐわかるようになっていたのである。

ちなみに古代では全国でおおよそ里の数は四〇〇〇ほどと推定されており、一軍団は基本的に一〇〇〇人で編制するので、軍団の数としては二〇〇軍団、約二〇万人の兵士を保持していたことになる。庚寅年籍作成の際に、兵士は国ごとに成人男子を四分して、そのうち一人を選び武事を習わせることを命じているが（『日本書紀』持統三年〈六八九〉閏八月庚申）、おおよそ成人男性の四人に一人が兵士に徴発される計算であった。日本律令国家は軍事国家なのである。

戸籍の作成責任者　戸籍の末尾については、半布里戸籍の場合、戸の記載につづいて、次のようにある（『大日本古文書』一―九五～九六）。

大宝二年十一月　目追正八位下五百井造豊国
守直従五位上小治田当麻朝臣　大掾務従七位上津島連堅石
介勤従六位上許勢朝臣真弓　少掾追正八位上紀朝臣宮麻呂
少目追従八位上矢集宿禰宿奈麻呂
主帳進大初位下県主弟麻呂

当時の御野国の守《かみ》・介《すけ》・大掾《だいじょう》・少掾《しょうじょう》・目《さかん》・少目《しょうかん》という国司とともに、加毛郡の郡《ぐん》司《じ》である主帳《しゅちょう》の名が記されている。位階の表記が、例えば守である小治田当麻朝臣《おはりだのたぎまのあそん》の場合、直従五位上とあるが、直とは浄御原令制下の位階表記であり、従五位上は大宝令制下の位階表記なので、それが混交していることになる。こうした表記も浄御原令制下の戸籍の書式を残すものと考えられている。

そして、令の規定どおりに大宝二年の十一月に作成したこと、その責任者が国司の第四等官である目（主典）の五百井造《いおいのみやつこ》豊国《とよくに》であったことが示されている。戸籍は五〇戸の里別に作られるのだが、最終的には国衙《こくが》で形が整えられた。しかし、戸籍の末尾に郡司の名が記されていること、同じ国の戸籍でも郡ごとに差異のあることが指摘されているように、戸籍の作成に郡衙《ぐんが》が大きな役割を果たしたことは間違いない。籍帳の実質的な作成主体は郡司であったろう。

西海道の戸籍

次に、御野国戸籍と同じ大宝二年に作成された西海道の戸籍を紹介しよう。西海道は現在の九州に相当する。西海道の諸国では筑前《ちくぜん》国島《しま》郡川辺《かわべ》里・豊前《ぶぜん》国上三毛《かむつみけ》郡塔《とう》里・加自久也《かしくや》里・同仲津《なかつ》郡丁《よほろ》里、豊後国の海部《あま》郡某里のものと考えられている戸籍などの断片的な戸籍が遺されており、全部で一一五四人のデータがある。このうち塔里戸籍には一二九人、加自久也里戸籍は七四人、豊後国戸籍は三二人が記載されていて、川辺里戸籍が四三九人、丁里戸籍は四八〇人を数える。川辺里戸籍と丁里戸籍は、それぞれ全体の四割程度が残存しているものと推定できる。

具体的にみてみよう。川辺里戸籍の冒頭は次のようにある（『大日本古文書』一―九七

〜九九）。筑前国島（志摩）郡は現在の福岡県福岡市西部にあたり、九州大学の伊《い》都《と》キャンパスがあるあたりに広がる郡だ。

筑前国島郡戸籍川辺里　大宝二年
戸主占部乃母曽年四十九歳　正丁　課戸
母葛野部伊志売年七十四歳　耆女
妻卜部甫西豆売年四十七歳　丁妻
男卜部久漏麻呂年十九歳　少丁　嫡子
男卜部和哿志年六歳　少子　嫡弟
女卜部哿吾良売年十六歳　小女
女卜部乎哿吾良売年十三歳　小女　上件二口、嫡女
従父弟卜部方名年四十六歳　正丁
妻中臣部比多米売年三十七歳　丁妻
男卜部黒年十七歳　少丁　嫡子
男卜部赤猪年十六歳　小子
男卜部乎許自年二歳　緑児　上件二口、嫡弟
女卜部比佐豆売年十八歳　次女

女卜部赤売年十三歳　小女
女卜部羊売年九歳　小女
女卜部麻呂売年一歳　緑女　上件四口、嫡女

凡口一十六
- 口一十二不課
  - 口二　小子
  - 口一　緑児
  - 口二　丁女
  - 口一　次女
  - 口四　小女
  - 口一　緑女
  - 口一　耆女
- 口四課口
  - 口二　正丁
  - 口二　少丁

受田二町二段六十歩

川辺里戸籍は右に掲げた部分が巻首にあたるので、御野国戸籍のような冒頭に総計を配すことはなかったようである。西海道諸国の戸籍は国と郡を異にしてもほぼ書式が統一されており、一行に一人を非常に細かい丁寧な楷書《かいしょ》で記載するのが特徴である。この書式はこれ以降の戸籍・計帳と共通しており、大宝令制で定められたのはこの書式であったろう。

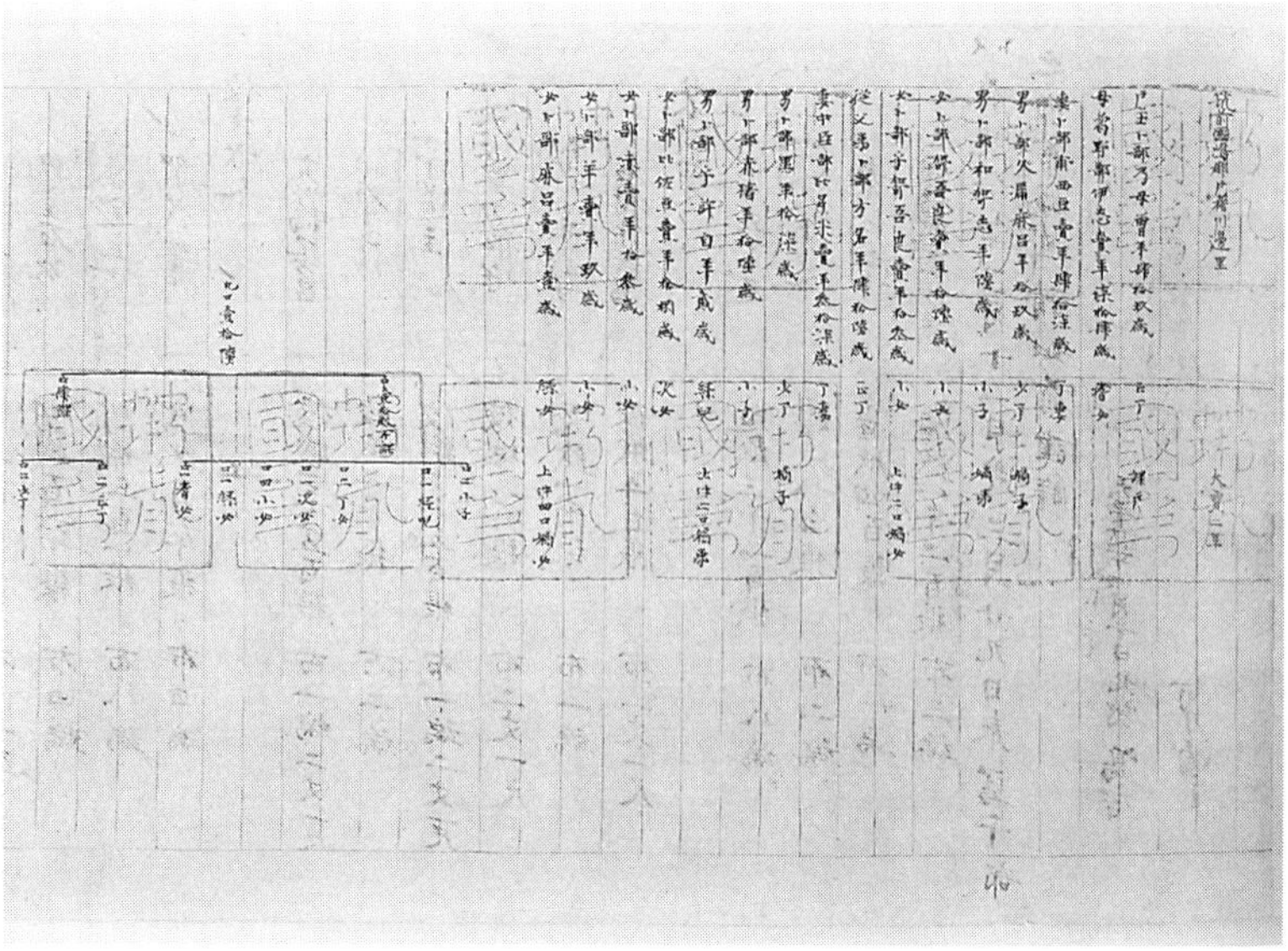

図３　筑前国嶋郡川辺里戸籍（正倉院宝物）

戸内の記載順だが、戸口の配列は戸主との続柄によるもので、世帯の中核をなす夫と妻を基準に男・女の順で記載されている。戸主の従父弟はイトコに相当し、戸主世帯の次に従父弟の世帯が記載されている。

　また西海道戸籍に特徴的なのは、末尾に租税を負担する課口と負担しない不課口の数が集計され、受田額が記載されることだ。古代には人々に口分田《くぶんでん》を班給《はんきゅう》する班田制度が行われていたが、それぞれの戸を単位として受田額が計算されていた。班田も六年に一度実施されるものであり、六年に一度作成される戸籍もそれに対応したものであったことを端的に示していよう。西海道は朝鮮半島への兵站《へいたん》拠点であり、大宰府《だざいふ》が西海道諸国全体を管轄したが、これらの戸籍全体も大宰府による強力な指揮の下で作られたものと考えられる。

身分を確定する戸籍

西海道の戸籍は書かれた文字の全面に国印を押すのを原則としていた。同じ大宝二年の御野国戸籍には国印が押されていないのだが、西海道戸籍の場合、すべてにそれぞれの「筑前国印」・「豊前国印」などの国の印が文字面に押されている。そのようななかで奇妙なものがあり、一部に国印が押されていないものがある。その特徴は、当時の人々が属した血縁集団の氏《うじ》と、その集団の政治的格を示す姓《かばね》に相当する部分が記載されていないことで、名前だけが記載されている。

古代では一般に、こうした氏と姓をもたないものが賤民《せんみん》であり、氏と姓をもつことは王権に奉仕する集団の最も基本的な属性であった。氏・姓をもつものが公民身分の中核をなすのであり、これは天皇より賜与されるものなのである。改氏姓の申請は天皇に奏上され、許可が得られたものについて改められるのであり、各自が勝手に名乗りを変更することは許されなかった。そうした公民身分を具体的に表現するものが氏と姓なのだが、それが定まっていないものには国印が押印されていないのである。すでに庚午年籍《こうごねんじゃく》と庚寅年籍を経ているのだが、大宝二年の段階でも氏姓がはっきりしない者がいたのである。律令公民制がどのように成立してきたのかを考える上で重要なポイントである。

郡の長官の戸

西海道戸籍のなかでも川辺里戸籍には、筑前国志摩郡の大領《だいりょう》の戸がみえる。これも貴重な事例だ。肥君猪手《ひのきみのいて》の戸である。猪手は冒頭に「戸主追正八位上勲十等肥君猪手、年五十三歳、正丁、大領、課戸」とみえる。

川辺里戸籍は一五の断簡に分かれており、猪手の戸籍も一部に欠があり、完全に復原することは不可能なのだが、末尾の総計部の記載によると一二四人で構成されていたことがわかる。そのうち復原できるのは一一二人である。

末尾総計部の記述は次のようにある（『大日本古文書』一―一〇四〜一〇五）。

凡口一百二十四
- 口一百九不課
  - 口一　八位
  - 口十六　小子
  - 口八　緑児
  - 口十九　丁女
  - 口二　老女
  - 口五　次女
  - 口十二　小女
  - 口九　緑女
  - 口十五　奴
  - 口二十二　婢

口一十五課
　口一　兵士
　口十二　正丁
　口二　少丁

受田一十三町六段一百二十歩

現存する戸籍で一二四人の戸は最大である。猪手は妻と三人の妾をもち、戸内に奴婢を三七人も抱えている。猪手の地位は志摩郡大領なのだが、大宝令でそれまでの評という行政組織が郡へと変更され、郡には大領・少領《しょうりょう》・主政《しゅせい》・主帳の四等官が置かれた。猪手は郡の長官である。選叙令《せんじょりょう》郡司条は、郡司を任用するにあたっての規定だが、郡司には清廉にして能力のあるものを充てることとされている。その注記には、大領・少領には才用が同じであるならば、まず国造《くにのみやつこ》を採用せよと規定されていた。これは行政能力が同じように高い場合には国造を優先的に任用せよとの規定である。

こうした郡司とりわけ、大領・少領などに任じられるものは、七世紀中葉の孝徳朝の立評以来代々の名族に他ならないのであり、それを遡れば大化前代の大豪族が相当するのだが、とりわけ肥君《ひのきみ》は『古事記』にも伝承がみえる名族だった。その伝承によると、意富臣《おおのおみ》、小子部連《ちいさこべのむらじ》、坂合部連《さかあいべのむらじ》らとともに、神八井耳《かみやいみみ》命を始祖とした（中・神武段）。八世紀には全国で風土記《ふどき》という地誌がまとめられるが、当然のこと肥前《ひぜん》国風土記や肥後《ひご》国風土記にも火君（肥君）がみえる。まさに火の国の大豪族が肥君なのである。

肥君は、後の佐賀県・長崎県（以上肥前）・熊本県（肥後）にあたる火の国だけでなく、九州北部にも拠点をもっていた。『日本書紀』欽明十七年（五五六）正月条には倭国にとどまっていた百済《くだら》の王子、（余）恵《けい》を百済に護送するに際して、阿倍臣《あべのおみ》・佐伯連《さえきのむらじ》・播磨《はりまの》直《あたえ》が筑紫国の舟師《ふないくさ》を率いて送ることがみえるが、その際、恵の護送船団とは別に派遣されたのが筑紫火君《つくしのひのきみ》であった。このような派遣軍の指揮官こそが国造であるが、筑前国の肥君猪手はその何代か後にあたるのだろう。猪手の戸は、そうした国造の流れを汲む大豪族の戸であった。

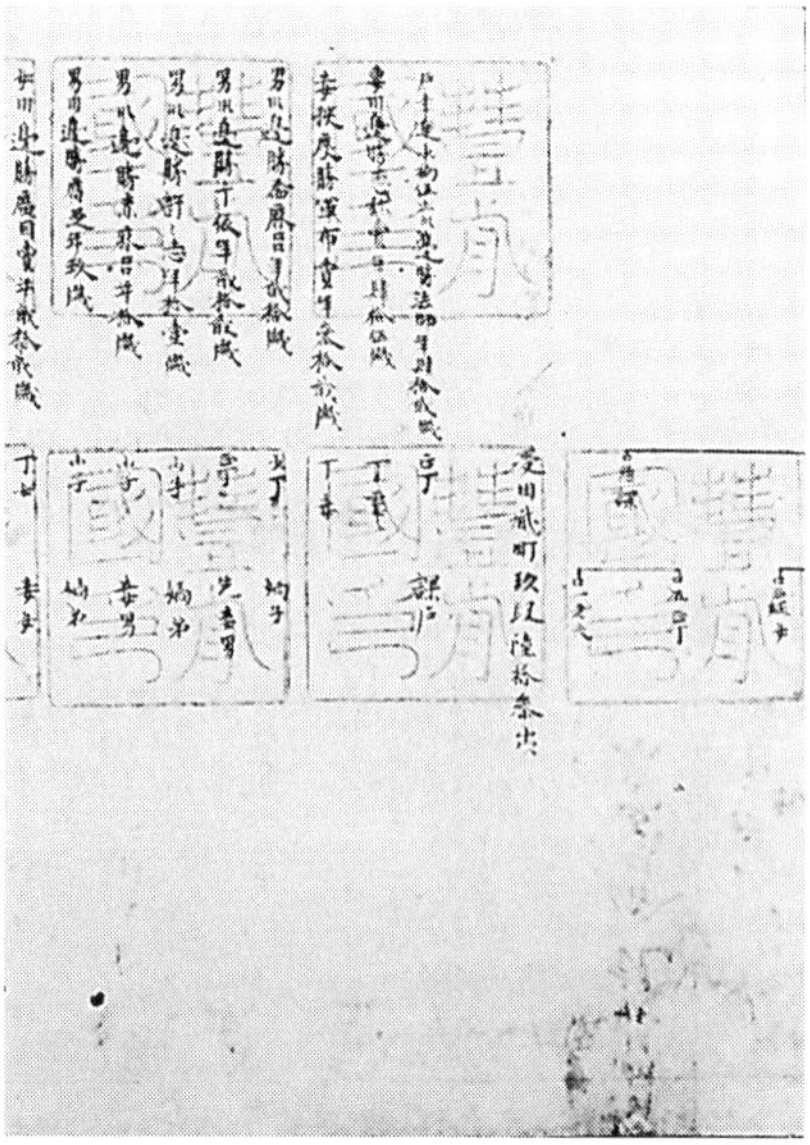

ちなみに国造や県造《あがたのみやつこ》といった律令制以前の大豪族の呼称に由来する氏名をもつものは御野国戸籍にもみえる。肩々里戸籍には国造《くにのみやつこ》大庭《おおにわ》を名乗るものの戸がみえるが、大庭の戸は九六人で構成されていた。半布里戸籍にも県造《あがたのみやつこ》吉事《よごと》というように県造を

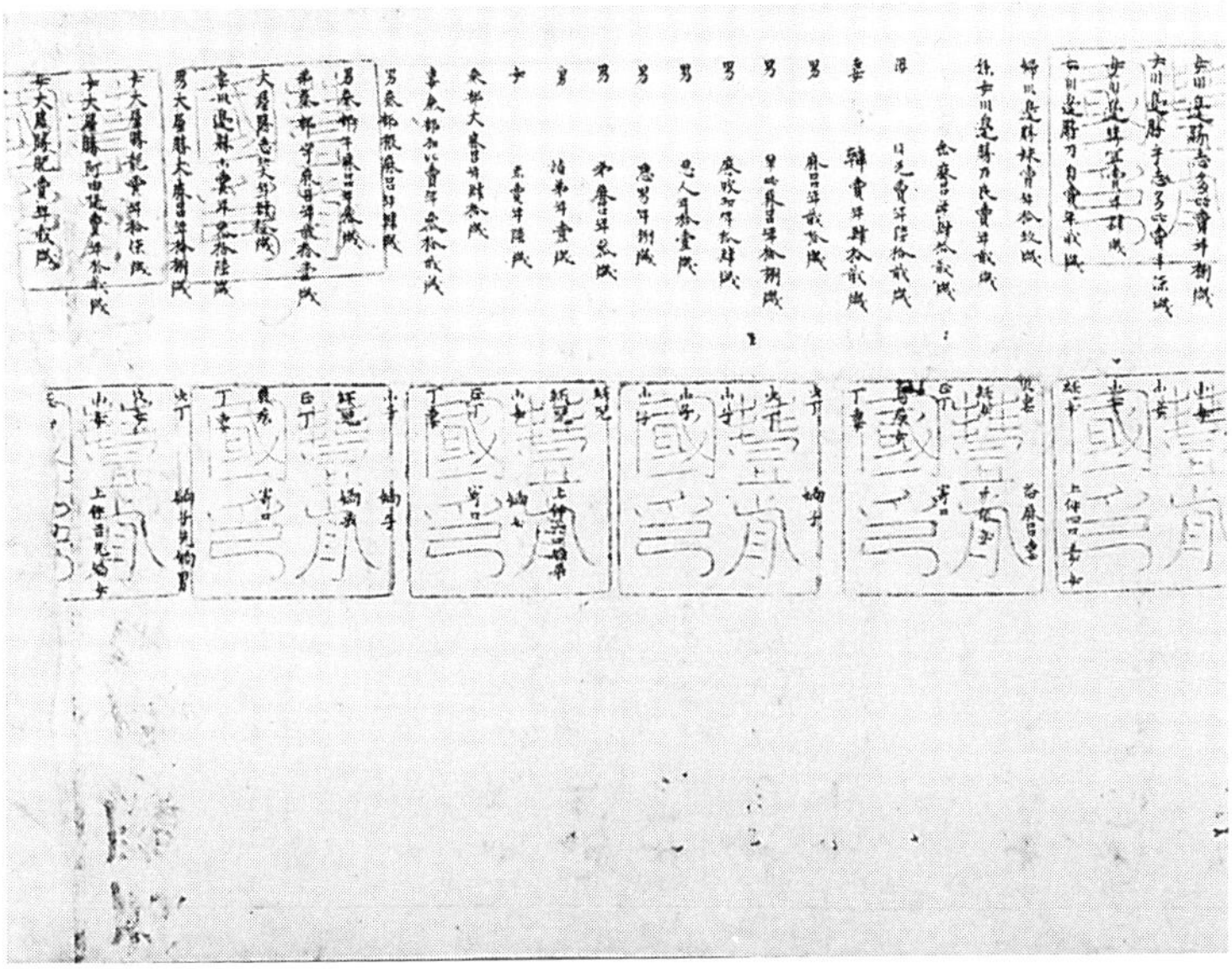

図４　豊前国中津郡丁里戸籍（個人蔵）

名乗るものの戸がみえるが、吉事の戸は四四人で構成されていた。いずれも大規模な戸である。

下総国の戸籍　次に、少し時代が下る養老五年（七二一）の下総《しもうさ》国の戸籍をとりあげてみよう。葛飾郡大嶋郷戸籍、倉麻《そうま》郡意宇《おう》郷戸籍、釬托《かとり》郡山幡《やまはた》郷戸籍が残されている。それぞれ大嶋郷戸籍は六一七人、意宇郷戸籍が八一人、山幡郷戸籍が一八人の合計七一六人についての記載がある。

このうち、最もまとまっているのが大嶋郷戸籍である。大嶋郷戸籍も断片であるため、全体を正確

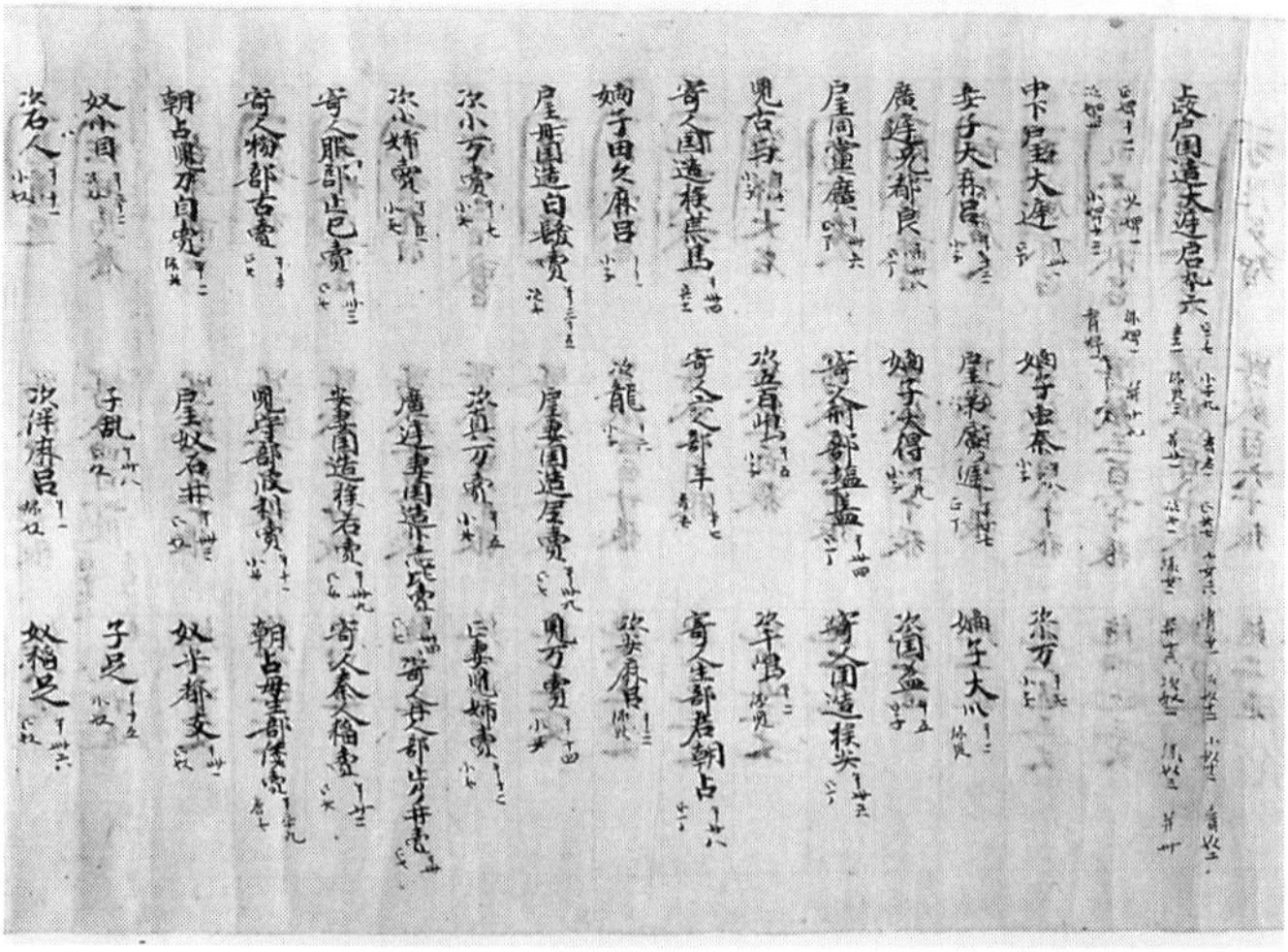

図５　御野国肩県郡肩々里戸籍（正倉院宝物）

に復原することはできないが、冒頭部分と末尾の断簡が残っており、末尾に相当する部分には、甲和《こうわ》里・仲村《なかむら》里・嶋俣《しままた》里について口数の総計と不課口《ふかこう》・課口がそれぞれの内訳とともに計上されている。それにより、大嶋郷が令の規定通り五〇戸からなり、甲和里・仲村里・嶋俣里の三里で構成されていたことがわかる。

なお、郷と里の関係だが、当初律令で規定していた五〇戸を里とする制度を改め、それまでの里を郷と改称し、郷の下に三つほどの小さな里を設けたもので、おそらく霊亀三年＝養老元年（七一七）に行われたと考えられている。この段階で国・郡・郷・里と改められ、これを郷《ごう》里制《りせい》と呼んでいる。郷里制下の里は、それまでの五〇戸の里と区別するためコザトと呼び習わしている。五〇戸＝里（郷）は戸を人為的にまとめたものだが、当時も人々は村を単位として生活しており、そうした村そのものを把握しようとした試みであった。しかし、これも限界があったようで、二〇年ほど経過した天平十一年（七三九）から天平十二年頃にはコザトの里が廃止され、令制当初のような国郡郷の三段階の地方制度に戻されている。

複数の世帯で構成される戸

大嶋郷戸籍はそうした郷里制下の戸籍である。大嶋郷は、千葉県市川市国府台《こうのだい》にあった下総国府から西を臨む、現在の江戸川（旧利根川）の自然堤防・後背湿地が広がる低地の微高地上に広がっていた郷で、東京都葛飾区・江戸川区が相当する。甲和里は現在の東京都江戸川区の小岩《こいわ》、嶋俣里は現在の東京都葛飾区の柴又《しばまた》が遺称地だ。冒頭部分は次のようにある（『大日本古文書』一―二一九〜二二二）。

下総国葛飾郡大島郷戸籍　養老五年
甲和里戸主孔王部小山年四十八歳　正丁　課戸
妻孔王部阿古売年五十二歳　丁妻
妾孔王部小宮売年三十八歳　丁妾
男孔王部忍羽年二十二歳　正丁　兵士、嫡子

男孔王部忍秦年七歳　小子　嫡弟
男孔王部広国年五歳　小子
女孔王部大根売年二十七歳　丁女　嫡女
女孔王部古富根売年十九歳　次女
女孔王部若大根売年十五歳　小女
女孔王部刀自売年三歳　緑女
女孔王部小刀自売年二歳　緑女
従父妹孔王部小宮売年三十八歳　丁女
従父妹孔王部宮売年四十歳　丁女
姪孔王部手子売年三十二歳　丁女

合口一十四
- 口一十二不課
  - 口二小子
  - 口六丁女
  - 口一次女
  - 口一小女
  - 口二緑女
- 口二課
  - 口一兵士
  - 口一正丁

戸郷長孔王部志己夫年五十八歳　正丁　課戸、戸主孔王部小山兄
男孔王部麻呂年二十一歳　正丁　嫡子
男孔王部若麻呂年二十歳　少丁　嫡弟
男孔王部広国年十一歳　小子
男孔王部真国年四歳　小子
女孔王部古伊呂売年二十七歳　丁女
女孔王部若売年二十二歳　丁女
女孔王部広刀自売年二歳　緑女
娣孔王部宮売年二十三歳　丁女
「口六不課　「口二小子丁
(後欠)

戸主孔王部《あなほべの》小山《こやま》の戸は、孔王部小山とその兄の孔王部《あなほべの》志己夫《しこふ》の戸で構成されている。郷里制の実施に連動して、戸の編成も改められたようで、郷を構成する従来どおりの五〇戸を郷戸とし、それぞれの郷戸の下にさらに小さな戸を編成している。こうした郷戸に含まれる小さな戸を房戸《ぼうこ》と呼んだ。戸主孔王部小山の戸全体で郷戸、そこに含まれる個別の戸が房戸である。

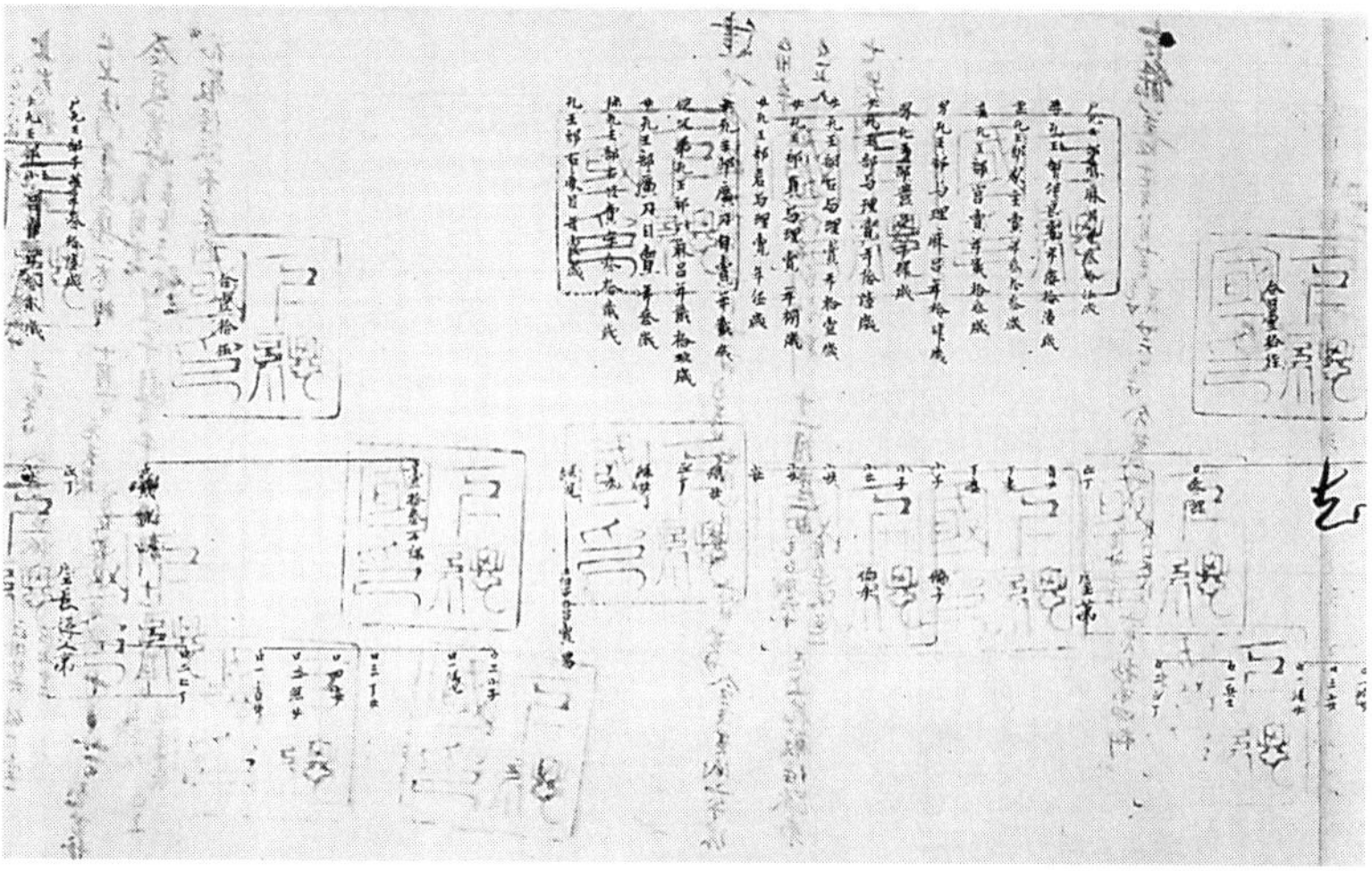

図6　下総国葛飾郡大島郷戸籍（正倉院宝物）

（継目裏書）

養老五年の下総国戸籍の書式は、戸を単位に、郷戸主・房戸主とその妻を起点に男女の順で記載され、戸の記載の末尾にはその戸の総計が記載されるように、基本的に西海道戸籍と同じ書式となっている。また記載事項も年齢別の課税区分や身体的特徴が記載されるなど同じである。これが大宝令以降の基本的な書式であった。

ちなみに房戸主としてみえる孔王部志己夫は、大島郷の郷長《さとおさ》でもあった。戸令為里《いり》条《じょう》には郷長（里長）の任務として、五十戸を構成する戸の管理、勧農《かんのう》や秩序維持、租税の取り立てを規定する。大嶋郷の郷長である孔王部志己夫は房戸主にすぎず、その戸は決して大きなものではない。彼は、地域社会の伝統的な大豪族などではなく、戸令為里条が規定する任務を遂行しうる実務能力の持ち主として郷長に選ばれたのであろう。

戸口と貧富

古代の人口

ところで、古代の人口はどのくらいだったろう。せっかく戸籍を取りあげるのであるから、この点にもふれておこう。

近代日本の人口

まず、明治五年（一八七二）の壬申戸籍で得られた人口数は、三三一一万七九六人であった。これには無籍者などの除外人口があったため、それを補正して得られた数値が三四八〇万六五四〇人である。

この後、一九二〇年以降は国勢調査が行われるようになり、人口統計が整えられた。第一回の国勢調査では五五九六万三〇〇〇人、一九四〇年には七三一四万四〇〇〇人の人口が得られている。もとより、日本の範囲は可変的であるので、正確な人口増加率を算出するのは難しいのだが、例えば、一八七二年の三四八〇万人を期首人口として一九二〇年の五五九六万人を期末人口とするならば、この間の四八年間で一・六倍、年率で一％の人口増加率となる。一九二〇年から一九四〇年を比較するならば同じく一・三％の増加率である。年平均人口増加率一％はおおよそ七〇年で人口が倍になる勘定であり、著しく高い人口増加率を示している。

江戸時代の人口

さかのぼって近世についてだが、吉宗政権期の享保六年（一七二一）に第一回の人口調査が行われている。この後、享保十一年以降は子《ね》の年と午《うま》の年の六年ごとに人口調査が行われ、子午改《しごあらため》などと呼ばれるようになる。調査は侍《さむらい》などの身分による除外人口があり、もとより蝦夷地や琉球も日本の範囲外である。さらに言えば、調査を実施する藩によって若年人口の計上方法がまちまちで、いずれも補正が必要となる。関山直太郎はこれらの条件をふまえた上で、十八世紀初頭の人口を三一二〇万人と推定している（関山直太郎『日本の人口』）。十八世紀初頭の第一回の人口調査では推計三一二八万、一八四六年が三二三〇万であった。

問題はそれ以前なのだが、古く吉田東伍は石高と人口が一対一の正比例の関係にあるとして、天正年間の総石高が一八〇〇万石であることから、当時の人口を一八〇〇万人と推定した。これに対して、日本における歴史人口学の開拓者である速水融は、十七世紀の農村の人口調査をふまえ、十七世紀を通じて年平均一％の人口増加があったことを推定し、近世初頭の人口を一二〇〇万とした（速水融『歴史人口学の世界』）。速水の人口調査は、宗門改帳《しゅうもんあらためちょう》（宗旨人別帳）の分析などによる。江戸時代には宗門改が行われ、庶民はキリシタンではないことを証明するために宗門改帳が作成された。宗門改帳には、家ごとに家族の名前と年齢、宗旨・檀那寺を登録し、婚姻による転出、死亡の情報も記載されたので、現在の戸籍と同様の役割を果たした。

現在にいたるまで、速水の推計一二〇〇万人説が通説的理解なのだが、近年はこの見直しの動きもある。というのも、日本の中世から近世に相当する時期は、地球上では小氷期にあたるとされ、世界的に寒冷化すると考えられている。ヨーロッパなどではこの時期に飢饉と疫病が発生し、人口増加が抑制されるのだが、日本では人口が増加したらしい。近世日本では善政が敷かれ、人々の勤勉さにより小氷期を乗り越えたとする議論もあるが、本当にこれだけ高率の人口増加があったのかどうか、むしろもう少し人口増加率は低かったのではないか、とするならば、近世初頭の人口は一二〇〇万よりももっと多かったのではないか、などが論点となっている。現状では一二〇〇万から一八〇〇万の間に想定するのが安全なところであろう。

伝説上の古代の人口

江戸時代を遡る中世にあたる時期も、人口を推定するのに困難がともなう。中世前期の社会は院宮王臣家《いんぐうおうしんけ》や寺社といった権門《けんもん》が寄り集まって権力体を構成しており、律令国家や幕藩国家のような統一的権力は存在しなかった。鎌倉幕府なども武士の権門にすぎない。室町時代には守護大名による領国化も進展するが、統一的権力の出現は織豊期、とりわけ太閤検地《たいこうけんち》を待たなければならなかった。そのため、中世には信頼できる人口資料が皆無といってよい。

では古代はどうか。近世には、例えば新井白石の『折《おり》たく柴《しば》の記《き》』（下）に、聖徳太子が摂政であった時期の人口として四九六万九八九〇人とみえ、八世紀の聖武《しょうむ》朝の人口を八六三万一〇七四人とする説がみえる。前者の推古《すいこ》朝を四九〇万人強、八世紀中葉の聖武朝の人口を八六三万人とする説は、松井輝星『它山石《たざんのいし》』（初編巻二）、西川如見《じょけん》『両域人数考』、山岡俊明『類聚名物考』、鈴木重嶺《しげね》『皇風大意』、大江季彦『経済新論』にもみえており、これらは近世に広く流通していたものであった。山岡俊明は聖武朝の人口は行基《ぎょうき》が数え上げたものとしている。

これらの数字が事実であるなら、七世紀の初頭から八世紀の中葉にかけての一五〇年間で年平均人口増加率〇・三七％の人口増加があったことになるのだが、もとより伝説上の人口である。新井白石は、さすが合理的解釈を重んじる碩学《せきがく》であり、「されど、これらの事、国史には見えず」と記すように、そのような事実は『日本書紀』・『続日本紀』などの国史、さらに聖徳太子や行基の事跡を記した『上宮聖徳法王帝説』・『行基年譜』にもみえない。

そもそも七世紀初頭に相当する推古朝に全国の人口を数え上げることは、当時の国制のあり方を考えると到底不可能である。国や郡（評《こおり》）などの地方行政組織は七世紀中葉以降に成立する。この数値がどこからどのようにして得られたのか、その根拠は知り得ないのだが、観音の化身とされる聖徳太子をめぐる信仰を背景に生じた伝承にすぎないだろう。

八世紀中葉の数値も同様で、おそらく、文殊菩薩《もんじゆぼさつ》の化身とされる行基をめぐる信仰にもとづく伝承にすぎない。行基図と称される日本国図はよく知られるように、旧国を魚の鱗状に描くことで、日本列島を描いたものだが、『拾芥抄《しゆうがいしよう》』には「大日本国図、行基菩薩所図也」とみえ、行基がこの図を作ったとの伝承が中世には確認できる。行基信仰の広がりは行基伝承をもつ寺院の分布に示されるが、そうした信仰を伝える寺院は実に日本全国、北は北海道から南は大分・宮崎にまで約一四〇〇ヵ寺に及ぶ。行基信仰の全国的な広がりに応じて、行基が日本国図を作り、人口を数え上げたという伝承ができ、行基の活躍した聖武朝の時期に仮託されたものであろう。

古代の人口推計

近代になって、より正確な人口把握が試みられるのだが、長く通説的位置を占めてきたのが、澤田吾一の試算である（『奈良朝民政経済の数的研究』）。澤田の試算は、古代の戸籍の分析を通じて得られた、戸籍が作成される単位である里《り》（郷《ごう》）あたりの平均戸口《ここう》数、課丁《かてい》数などを駆使して、古代の総人口を算出していることに特徴があり、近世の伝説的な数値に比較して、根拠も明確であり、蓋然性の高い数値として受け止められた。

澤田は、一つには『和名類聚抄《わみょうるいじゅしょう》』にみられる郷数四〇四一に、『続日本紀』天平十九年（七四七）五月戊寅条にみえる太政官奏《だいじょうかんそう》の一郷あたり課口数から一郷あたりの良民戸口数一三九九人を導き、それを乗じて五六五万人強となること、もう一つには当時の地方政府の財源となった貸付稲、すなわち出挙《すいこ》稲《とう》数と課丁数・人口数が相関することを前提に、平安前期の弘仁年間（八一〇〜八二四）の諸国の出挙稲から全国の良民人口を推計すると五五八万六二〇〇人の数値が得られるとして、おおよそ良民人口の概数として五六〇万人程度を示した。その他の七道に設置された駅《うまや》を維持するための駅里（郷）、五十戸を構成するにいたらない余戸《あまるべ》里（郷）は一郷あたりの人口が少ないであろうこと、平城京が近世末の城下町金沢と同規模であることから、その人口を二〇万程度と推定し、それぞれ減額・増額要因となるが、良民人口の概数は五〇〇万から六〇〇万の間に収まること、良民以外に賤民の奴婢《ぬひ》を一〇〇万と想定し、総人口として六〇〇〇万から七〇〇〇万人を想定した。

八世紀前半の人口はおおよそ四五〇万

澤田の試算に使われた課口数は、律令貴族の給与制度の封戸《ふこ》の課丁数の設定に関わる法定課口数のようなものであり、減収とならないように多めに設定された可能性がある。また、平城京の人口なども現在では、一〇万人を切ると想定されており、さらには奴婢の人口などは明らかに過大である。そのため、もう少し丁寧な分析が求められるとして、この点を再検討したのが鎌田元一である（『律令公民制の研究』）。

鎌田は天平十九年太政官奏、それを受けた『延喜式』においても一郷あたりの法定課口数が正丁《せいてい》四人×五〇戸の二〇〇人であることを確認した上で、四丁は単純に正丁だけを数えたものではなく、六〇歳以上で正丁の半分の額の税負担を行う次丁《じてい》も含みこんだものであるから、現存籍帳《せきちょう》の正丁数と次丁数の比率（三九・九：二三・七）から正丁と次丁を合計した課丁数が二〇九人となること、同じく課丁と若年層の中男《ちゅうなん》の人口比（四三・六：八・二）から中男が三九人となり、租税を負担する課口数が二四八人となること、課口と男女総口数の比率（五一・八：二一九・七）から一郷あたりの良民人口が一〇五二人となり、これに全国の郷数四〇四一を乗じて、全国の良民人口総数四二五万一一三二人を求めた。そして、八世紀前半の籍帳における良民と賤民の比率（一〇〇：四・四）から賤民人口一八万七〇五〇人を求め、平城京の都市人口を一〇万人として、律令国家の支配人口が約四五〇万程度であることを示した。

また鎌田は、現存する八世紀前半の籍帳の一郷あたりの平均戸口数が一〇四八人であることから、これに郷数四〇四一を乗じても四三一万五七八八人が得られ、平城京の都市人口一〇万人を加えても、約四四〇万人となるので、おおよそ八世紀前半の人口は四五〇万程度と推定している。この方法がもっとも単純な計算方法であり、澤田がこの計算方法を躊躇したのは、戸籍が断片的であったからと考えられるが、戸籍の信憑性は八世紀前半のものの方が高い。そのため、こうして得られる数値にもそれなりに意味があるだろう。八世紀前半の律令国家の支配下の人口はおおよそ四五〇万程度であった。

延暦年間の常陸国の人口

もう一つ、古代には人口をめぐる面白い問題が残されている。この点も鎌田が論じていることだが、九世紀初頭、延暦年間（七八二～八〇六）と考えられる常陸《ひたち》国（現在の茨城県）の人口が復原できることで、それは、常磐自動車道の建設にともない茨城県石岡市の鹿の子《かこ》C遺跡の発掘調査で発見された漆紙文書《うるしかみもんじょ》の分析より導かれる。漆紙文書とは、容器に入った漆の蓋として二次利用された文書のことで、漆が付着して文書面が保持され、地中から発掘されたものである。鹿の子C遺跡は常陸国衙《こくが》に付随する工房跡と考えられており、武器の塗料などに使われる漆を扱っていた。工房では国衙で払い下げられた反故《ほご》文書が使われたのだが、遺跡からは三〇〇点弱の文書断片が発見された。

そのうち、第一九四号文書に人口の書き上げがあり、文字の欠失部分を補うと、延暦期の常陸国の総人口が二二万四〇〇〇人から二四万四〇〇〇人に上ることが判明する。これを常陸国の郷数一五三で除し、全国の郷数四〇四一を掛けると五九一万六〇二四人～六四四万五三九五人が得られるが、一郷あたりの人口が一四六四人から一五九四人となり、いささか過大である。当時の常陸国の郷数はもっと多いのかもしれない。そこで、この常陸国の人口を基準に『延喜式』に規定する出挙稲数と人口の比を求めると、常陸国の出挙稲数は一八四万六〇〇〇束であり、全国の出挙稲数が四三八五万四六〇〇束であるから、総人口として五三二万から五八〇万人が得られることになる。鎌田は、九世紀初頭の延暦年間の人口として、約五四〇万から五九〇万を推定した。

古代に人口は増加したのか

現在にいたるまでこの推定を覆す議論はないので、この数値が古代史研究の通説なのだが、ここで注目したいのは、奈良時代のはじめから平安時代の初期にかけての一〇〇年間で、おおよそ一〇〇万人の人口が増加したと考えられることである。さしあたり期首を七〇〇年としその人口を四五〇万、期末を八〇〇年としてその人口を五五〇万とすると、一〇〇年間での年平均人口増加率は〇・

二％となる。この〇・二％の意味を考えてみよう。比較が必要なので、すこし長めにレンジをとって検討してみたい。

この増加率についてだが、西暦七〇〇年の人口四五〇万人を期首、十七世紀の一二〇〇万人を期末人口として、期間九〇〇年で年平均人口増加率を計算すると、それは〇・一％になる。これは期末を平安中期の九〇〇年と仮定し、期間を二〇〇年間としても、増加率は〇・一％で同様である。もし奈良時代に想定される〇・二％の増加率で推移したとすると、十七世紀初頭の人口は計算上二七二〇万人となるので、これは過大な数値であろう。〇・一五％とするならば、十七世紀初頭の人口は計算上一八〇〇万強となる。現在想定されている十七世紀初頭の人口を一二〇〇万人から一八〇〇万人の間とすると、奈良時代以来の年平均人口増加率は〇・一％から〇・一五％の間で推移したことになる。

このあたりの数値がもっともらしい、蓋然性の高いものと考えられるのだが、実際の人口は鋸《のこぎり》の歯のように推移したはずである。残念ながら中世での人口動態をトレースする材料はないが、奈良時代の人口増加率〇・二％は、相対的にみて人口上昇の局面にあったということになる。近代の一％強の人口増加に比較するならば、とても緩慢なものだが、古代から中世全体を通してみたときには、高めであることは間違いない。

実は、こうした推計以外にも古代に人口が多少増加した可能性のあることは次の事例でもうかがえる。菅原道真が草した漢詩文集『菅家文草《かんけぶんそう》』巻七に収める「祭城山神文」は、讃岐守《さぬきのかみ》に任じられた道真が仁和四年（八八八）に任国において、雨を讃岐国府の北に位置する城山《きやま》の神に祈願した祭文《さいもん》で、そこで道真は、城山の神はもっとも霊威があるとされるのだから祈ること、もし雨が降らなければ、人々は怨み礼祭も失い疎《おろそ》かになると神をおどすのだが、そこに讃岐国の八九郷、二〇万口と当時の讃岐国の郷数と人口の概数が述べられている。

讃岐国の人口

古代の国司は任国において、稔り豊かになるよう勧農を行うのが重要な役割であり、雨乞もそうした行為の一つなのだが、道真が任国の郷数と戸口数をあげていることは注目されてよいだろう。彼はそれを知りうる立場にあった。もちろん、漢詩文に優れた碩学の道真のことであり、この数字はあくまでも概数であって、漢文に特有の装飾豊かな文章表現に過ぎない。この点は差し引く必要があるのだが、この数で一郷あたりの平均戸口数を求めるならば二二四七人となり、奈良時代の平均戸口数を大きく上回ることになる。さらに奈良時代のはじめと九世紀の末を区切りとして、この平均戸口数により年平均人口増加率を求めると、おおよそ〇・三八％程度になる。

九世紀の後半にはすでに偽籍《ぎせき》も進行しており、日本前近代の人口動態を考えると、この数値はあまりにも過大であり、到底信用できるものではないのだが、ある程度の人口増加を反映している可能性が考えられるかもしれない。こうした奈良時代の人口増加の背景をどのように考えるかは、律令制による再生産システムの評価や当時の気候と生業のあり方など、興味深い問題が関係するのだが、本書の範囲を超えるので、ここではふれないでおこう。

半布里戸籍の人口構成

以上のような人口総数だけでなく、人口の視点から古代の戸籍を考える際に、もう一つ重要な問題がある。それは人口構成についてである。現在の日本では、内閣府が発表した平成三十年版高齢社会白書によると、平成二十九年（二〇一七）の総人口に占める六五歳以上人口の割合（高齢化率）は二七・七％で、総人口に占める高齢者の割合は着実に増加してきているのだが、こうした人口構成が社会のさまざまな問題に影響を与えていることはよく知られるところだろう。

では、古代ではどうか。人口構成は人口ピラミッドにより表現することが慣例なのでそれにしたがって、半布里《はにゅう》戸籍の人口構成を示したのが、図7である。この図に示される人口構成からさしあたり次の二つの点に注目したい。

この人口ピラミッドは男女を別にして年齢ごとに集計して作成したものだが、一見してわかるように、男性のデータと女性のデータには大きな差がある。男性のデータは低年齢

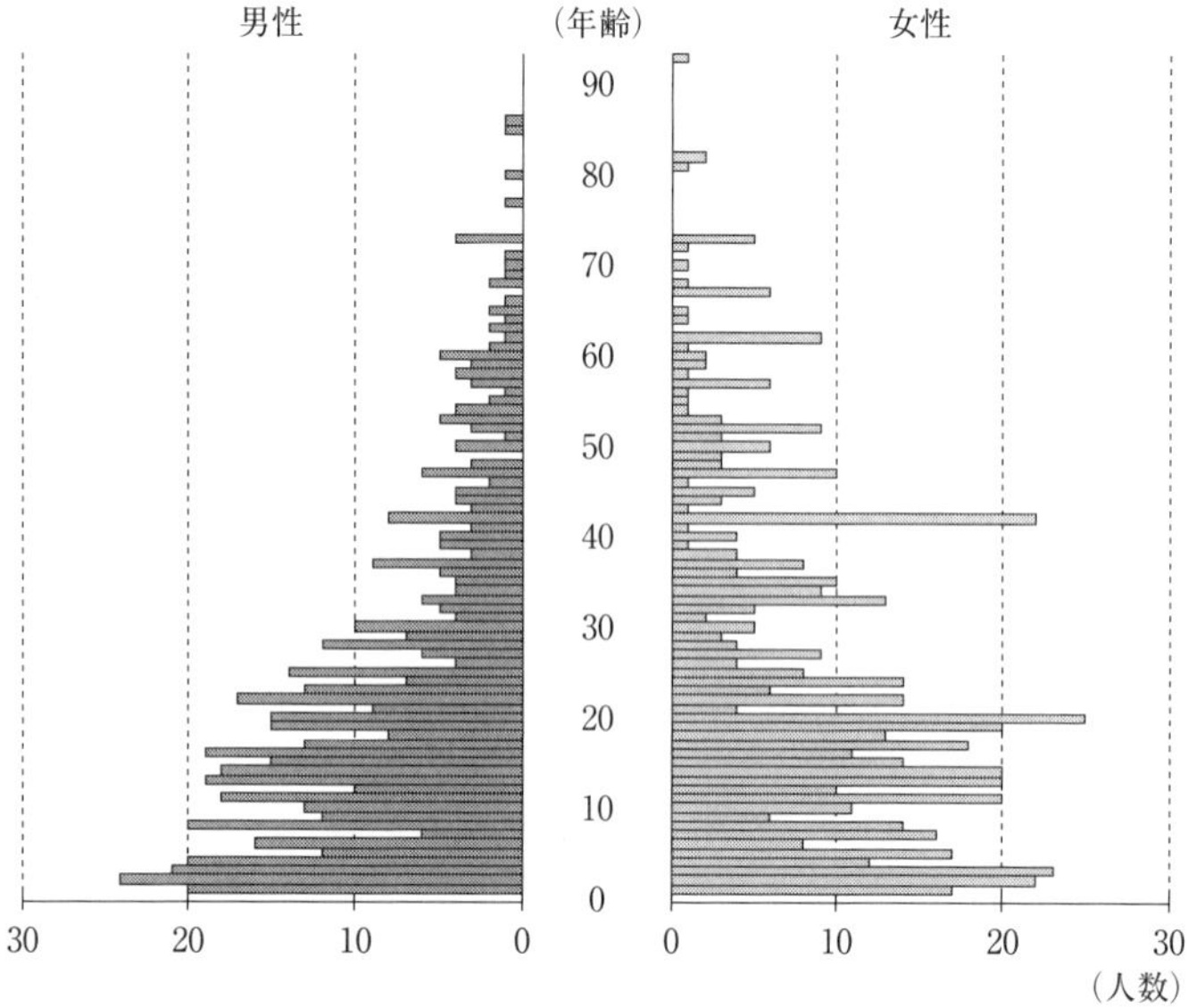

図7　半布里の人口構成

から高年齢にかけてなだらかな曲線を描くが、女性の場合は突出して人数の多い年齢が存在しており出入りが激しい。詳細は省くが、その傾向をみるために、実数と予測値との乖離を計算してみたところ、男性のデータと女性のデータの信頼性に大きく差のあることがわかる。実数と予測値が一致する場合は、決定係数と呼ばれる乖離を示す数値は一になるので、決定係数で一に近いほど乖離が少ないということになるのだが、男性のデータの決定係数は〇・八程度であるのに対し、女性のデータの決定係数は〇・六程度であり、女性

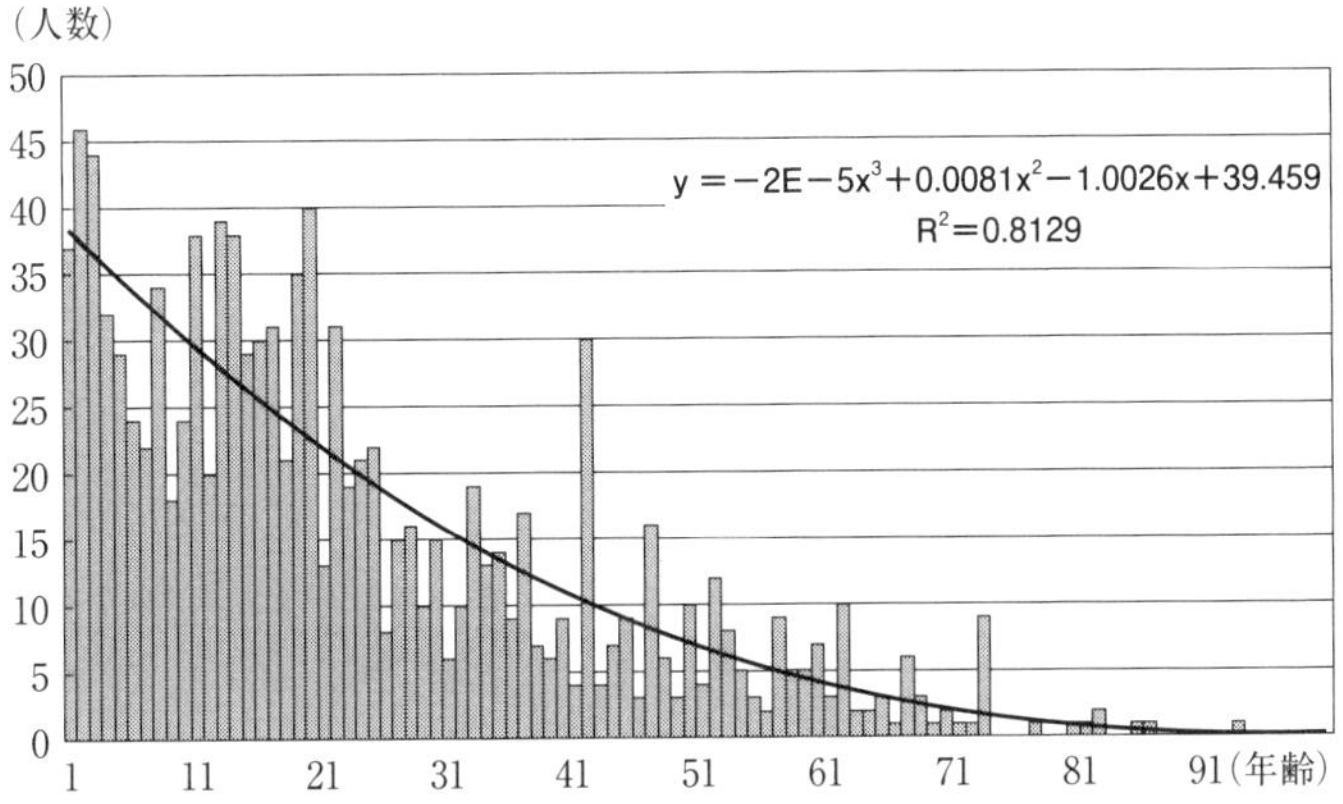

図8　半布里戸籍の人口近似曲線

半布里戸籍の男女総数から近似的に表現したもの．予測値と実測値の乖離を示す決定係数 R-2乗値は0.8129．y 切片39.459は0歳児の擬似的に仮定した出生数に相当．

のデータのバラツキが大きい。つまり、明らかに女性のデータの信頼性は低い。

こうした女性のデータのバラツキについては、これまでにも注目されてきたところで、御野国《みののくに》戸籍の女性は二二歳・三三歳・四二歳・五二歳・六二歳に属する女性が突出して多く、二七歳・三七歳・四七歳・五七歳・六七歳にも小さな突出があるのだが、この現象は西海道戸籍にも確認できる全国的な現象であった。おおよそ五歳の年齢幅で大小の突出が認められるのだが、これは大宝二年（七〇二）の一二年前にあたる庚寅年籍《こういんねんじゃく》（六九〇年）作成時に五歳・一〇歳・一五歳と記載されたものが多かったことを意味する。おそらく概数によって、まとめられた結果なのであろう。

こうした女性の年齢の概数による把握が、庚寅年籍だけでなく、庚午年籍《こうごねんじゃく》（六七〇年）以来の重層的な操作によるものかは議論のあるところだが、男性の年齢に比して、女性の年齢が信頼性に欠けるものであることは動かない。このことはすでに指摘されているように、日本の戸籍が元来は男性のみを登録する制度であったことを示唆する。戸籍の制度が遡りうるのは庚午年籍までかもしれないが、七世紀中葉に確認できる男身之調などは成人男性を把握してこそ実現可能なものであり、兵士の動員なども同様である。男性の把握の精度が高いのには、そのような歴史的前提が存在したのである。

ピラミッド型の人口構成

もう一つ、この人口構成よりわかることだが、半布里の年齢構成は年齢の低いものが多く、高齢になるにしたがって人口が減少する。男女の把握差があるのは事実だが、全体を俯瞰してみると、典型的なピラミッド型の構造である。

戸籍にはすでに述べたように、法律上の年齢区分が定められていたが、こうした区分とは別に、列島の固有の世界の年齢階梯は和語により表現された。和語によると、日本の古代社会では、Ⅰワクゴ―Ⅱハフコ―Ⅲワラワ・メノワラワ―Ⅳヲトコ・ヲトメ―Ⅴヲトコ・ヲミナ―Ⅵオキナ・オウナの呼称の変化が認められるという（田中禎昭『日本古代の年齢集団と地域社会』）。「八年児《やとせご》」などの表現もみえるが（『万葉集』一八〇九）、大まかに言って、八歳までは性の分化していないワクゴの世界にあり、メとヲに区分される童（ワラワ）は八歳以上である。

古代では、戸令《こりょう》聴婚嫁条の規定によると男性の一五歳以上、女性の一三歳以上に婚姻が許されるのだが、婚姻可能な年齢になった童女がヲトメで、婚姻を経て結髪《けっぱつ》した段階でヲミナとなった。男性の場合は、八歳以上でワラワである童男になるが、女性のヲトメとヲミナのような呼称の変化を経ず、ヲトコとなる。老いては、女性は嫗（ヲウナ）、男性は翁（ヲキナ）となった。

こうした区分があるのだが、半布里戸籍でみると童男・童女といったワラワ（童）の年齢に達していない八歳以下の世代が全体の二一％を占め、男子の八歳から一五歳、女子の八歳から一三歳までの童男・童女の世代が二五％となり、ここまでの世代で人口のほぼ半分を構成していることになる。年齢を重ねるに従い人口は減衰するので、高齢まで生き延びる人は少なく、半布里戸籍で六五歳以上の人は三五人に過ぎない。高齢化率は三％程度ということになる。

古代人の平均余命

このように、半布里の人口構成は典型的なピラミッド型を示すのだが、こうした人口構成の特徴は、過去に出生率の変化が少なく高出生率を維持する多産多死型の社会を示す。そこで、これを少々強引に人口統計学的に計算してみよう。

細かい数式と数値は省略するが、まず、凸凹とバラツキのある人口データの実数を予測値により近似させる曲線を数学的に求め、擬似的にこの人口構成を再現した人口曲線を作り、年齢別の人口を求め簡易生命表を作成すると、出生時の平均余命を計算することができる。そうして求められた出生時の平均余命は二八・四八歳であった。

現在の出生時の平均余命は、女性で八五歳を超えるが（二〇〇二年）、女性の出生時の平均余命がはじめて六〇歳を超えたのは、一九五〇年である。比較的研究が進んでいる江戸時代の場合、出生時の平均余命は社会階層や地域により異なるが、それでも三〇歳から四〇歳程度であり、奈良時代の平均余命が三〇歳前後というのは、あながち的外れな予測とはいえないだろう。

この出生時平均余命は、現在の理解に比べると、大きく異なるがこれはあくまでも計算上のものであり、現実には八〇歳を超える高年まで到達する人もいた。そしてこの計算を左右するのは乳幼児死亡率をどの程度に見込むかによる。当時は、正月を迎えることで、一歳をカウントするいわゆる数えにより年齢を表現するのだが、すでにみたように、計帳の作成は六月頃になされるため、正確に〇歳児を把握することができない。六月の計帳作成以降に生まれた子については、誤差を含むこととなる。そのため、この試算はあくまでも当たらずとも遠からずといった程度のものだが、古代においては飢饉や疫病がしばしば発生し、夭折《ようせつ》する者が多いということは認識されており、こうした危機的状況が発生した場合には若年層で大量の死亡者がでていたことは疑いない事実であったろう。

合計特殊出生率

次いで出生率についても計算してみよう。出産については、半布里戸籍に登録されている母と子の年齢差から母の出産年齢を算出し、先の人口曲線と同様に近似式を作成して、女性の人口曲線を組み合わせれば、年齢別の出生率を算出することが可能である。先ほど求めた人口曲線のY切片を一年間の出生数と仮定すれば、出生曲線を作ることが可能になる。

こうして古代の女性の出生率・数を推定してみたのが図10で、五歳年齢階級別に出生率を比較したものである。半布里の場合、ピークが三〇代前半にくることになるが、これは出生率を算出する女性の人口曲線の歪みに規定されるもので、すでに述べたように、半布里戸籍の女性データは信頼度が低く、このデータもその制約を受けていることによるだろう。

また、この年代の女性のそれぞれの出生率を足し合わせることで、一人の女性が一生に産む子供の数、すなわち合計特殊出生率を求めることができる。これを計算すると、古代ではおおよそ六・五人程度となる。平成二十九年の日本の合計特殊出生率は一・四三人であ

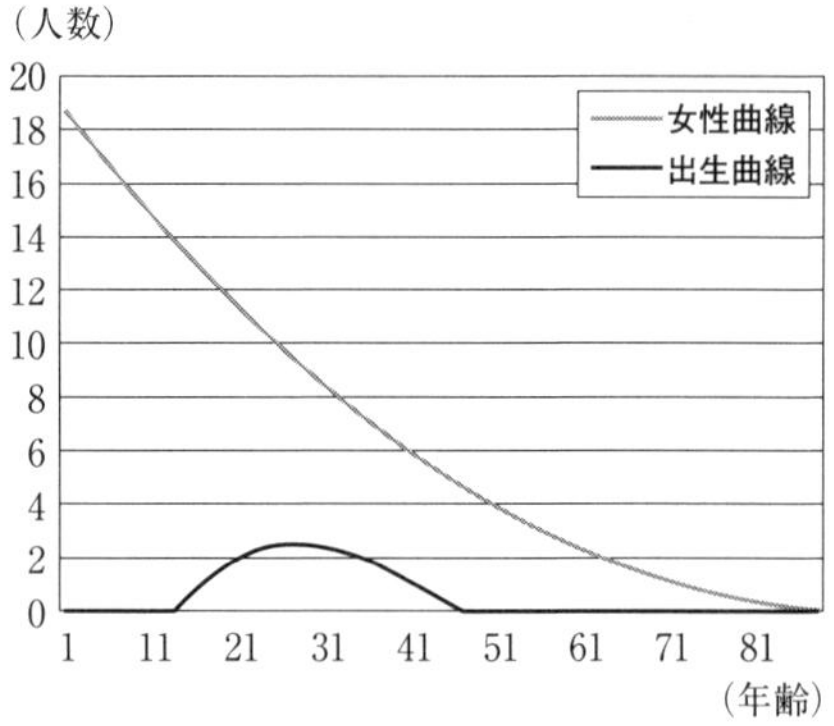

図9　半布里女性の年齢別出生率の算出

①半布里の女性総数から近似曲線を作り，②母子の年齢差から出産年齢を計算し，③擬似的に仮定した出生数を維持して出生曲線を作って，年齢別の出生率を算出した．④年齢別の出生数を合計して合計特殊出生率を計算．

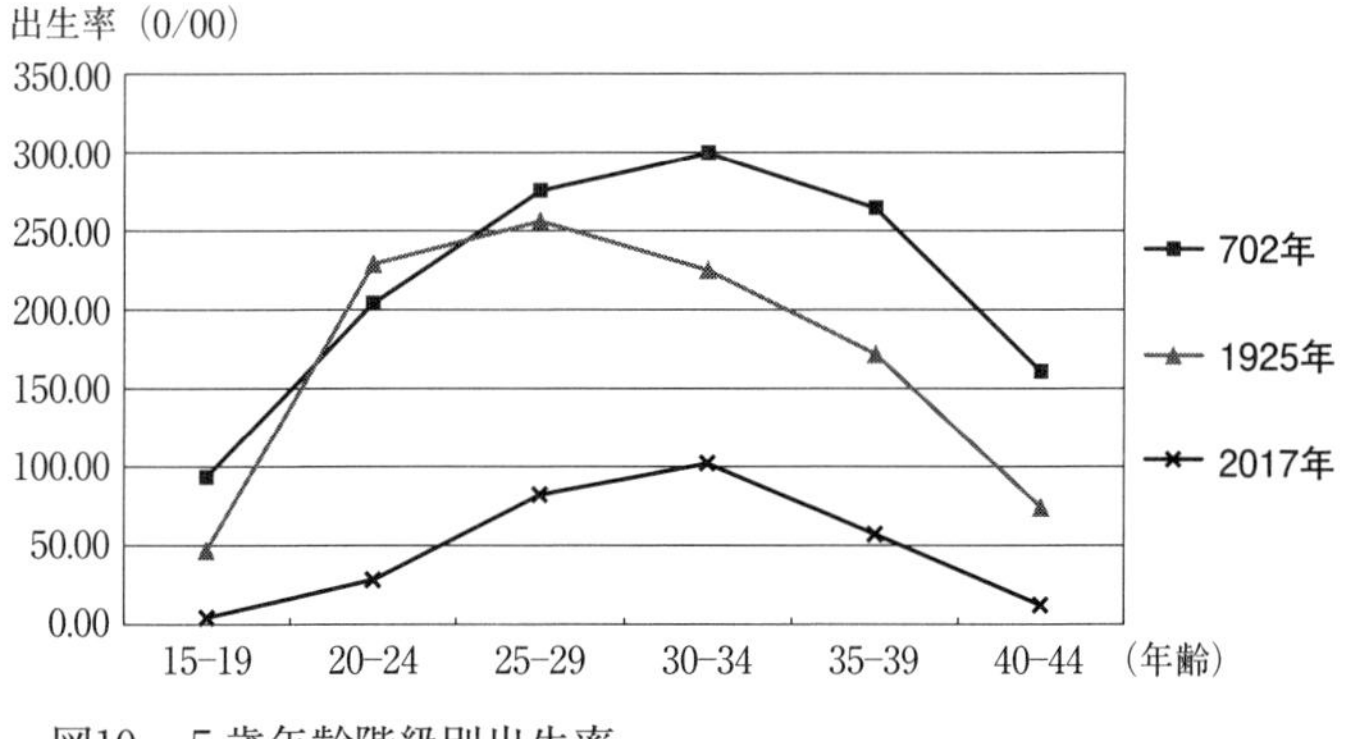

図10　5歳年齢階級別出生率

1925年と2017年のデータは国立社会保障・人口問題研究所の人口統計資料集，表4-7女性の年齢（5歳階級）別出生数および出生率：1925～2017年による．

るが、古代の出産の水準は一九二五年の日本と同等かその少し上を示すと考えられる。もちろん、これは計算上のものであり、あくまでも参考程度の推測値にすぎないのだが、半布里戸籍にみられる社会を維持するには、かなりの頻度で出産を繰り返すことが必要であった。

戸の等級

御野国戸籍にみえる戸の等級

次に戸籍にみえる戸の姿そのものを取りあげてみよう。実際の戸に即してみてみると、例えば、半布里戸籍の場合、次のように記述された（『大日本古文書』一―五七～五八）。

五保中政戸県主族島手戸口三十（略）

下々戸主島手年四十五正丁

先にも取り上げた県主族《あがたぬしのやからしまて》島手を戸主とする戸の冒頭の記載だが、ここに五保《ごほ》、中政戸、下々という表記がみえる。島手の戸は中政戸なのだが、このほかに、上政戸と下政戸もみえるので、上政戸・中政戸・下政戸の三等による区分があった。また島手は下々戸主ともされるように、もう一つ、上々戸・上中戸・上下戸から下々戸にいたる九等の戸等が記載された。戸は、三等戸と九等戸に区分されていた。こうした戸の等級区分が残るのは御野国戸籍《みののくにこせき》のみであり、その点で貴重である。

三等戸

戸の等級については、律令にもみえており、律令に規定する三等戸と九等戸の区分が、御野国戸籍にみえる上政戸・中政戸・下政戸の三等区分と九等区分に対応するものと考えられる。現代の日本の戸籍には、こうした等級を付すことはないのだが、この戸の等級はどのような基準で定められたものだろうか。

まず、三等区分についてだが、この区分は、養老令《ようろうりょう》（七五七年施行）では田令《でんりょう》桑漆条・軍防令《ぐんぼうりょう》兵士以上条にみられる。桑漆条では、桑や漆の栽培を義務づけるにあたり、上戸には桑を三〇〇根・漆を一〇〇根、中戸に桑二〇〇根・漆七〇根、下戸に桑一〇〇根・漆四〇根というように、区分に応じた負担が定められていた。兵士以上条では兵士の名前入りの名簿を作成するに際して、「貧富上中下」の三等を注記するよう定めており、官選の注釈書である令義解《りょうのぎげ》では貧富による区分としている。

しかし、元来三等区分は戸の丁数による区分であったらしい。大宝令《たいほうりょう》（七〇一年完成）で三等区分だったものが養老令で九等区分に変更されたものに田令置官田条、厩牧令《くもくりょう》置駅馬条がある。このうち田令置官田条は、天皇に供する米を作る王権直属の田の耕作について規定したものだが、あわせて牛を飼うことが定められていた。牛飼いに充当する戸を選ぶにあたり、戸等を考慮せよとの規定である。これについての法律家の諸説を集めた令集解に引用されている大宝令の注釈である古記には、丁数を計って定めると明示されており、三等戸に系譜する区分が丁数によるものであることは間違いない。丁数の丁とは、一般に課役を負担するものを意味するが、日本古代の税制は男丁を基準に組み立てられていたので、これは課税対象となる男性の数による区分ということになる。

御野国の三等区分

実際に半布里戸籍でこの戸等を調べてみると、内訳は上政戸が一〇、中政戸が三九、下政戸が五であるが、古代の場合、課税は年齢により異なり、正丁《せいてい》を一として、次丁《じてい》がその二分の一、少丁《しょうてい》がその四分の一を負担することになっていた。そこで、この比率で換算し直し、上政戸・中政戸・下政戸の順に降順でならべたものが図11である。単純に課税対象である正丁・次丁（残疾を含む）・少丁の数を合算したものを点線で示しているが、換算した場合の近似直線の決定係数は〇・八であり、精度の高いものであることを示している。おそらくこうした操作をへて三等区分が定められたのだろう。

しかし、なかには外れ値を示すものがある。例えば、上政戸である県主族安麻呂《あがたぬしのやからやすまろ》の戸は総計一七人の戸で正丁二人に兵士が一人で、換算した丁数は三人にすぎず外れ値を示しているのだが、このことにも意味がありそうだ。というのも、もし、御野国戸籍の三等

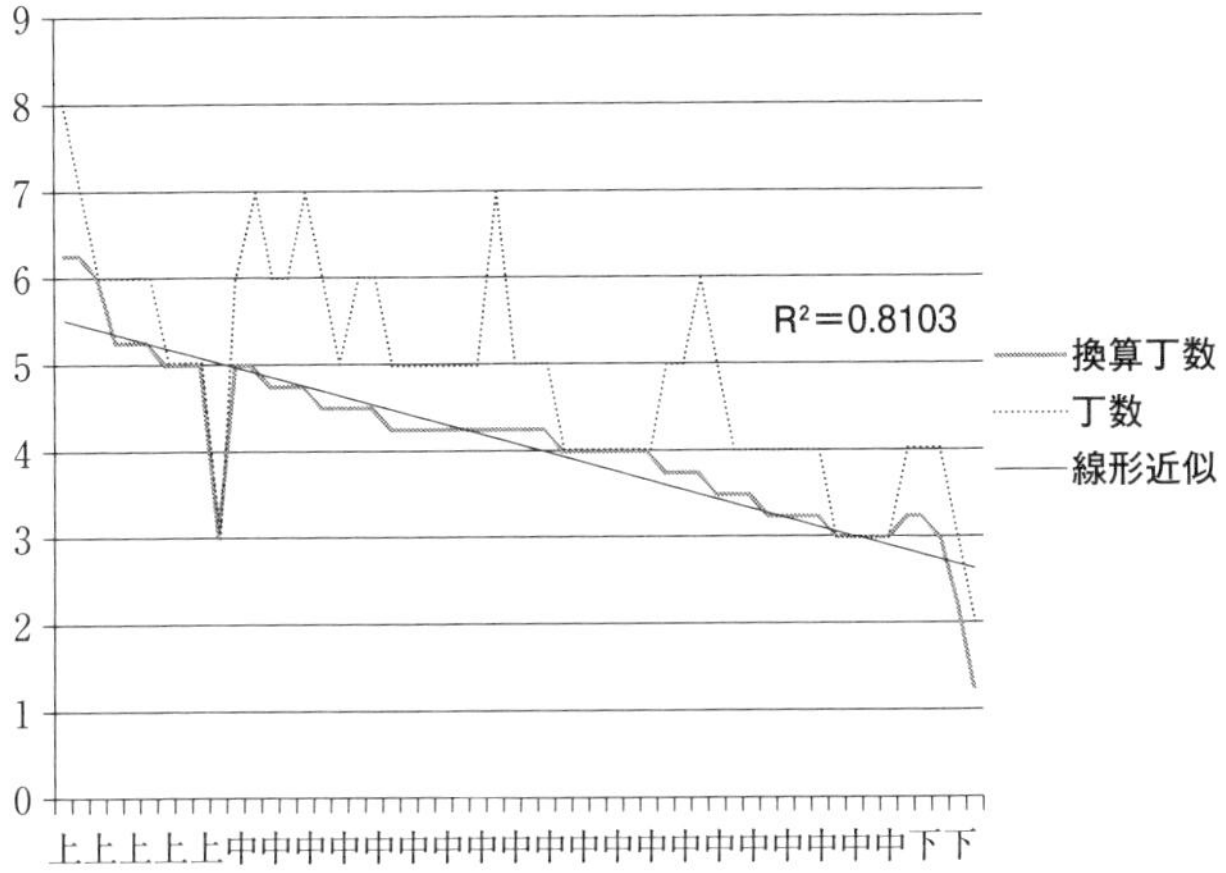

図11　半布里戸籍の三等区分と換算丁数

区分が大宝二年籍を作成する際に定められたのであれば、こうした極端な外れ値は生じないだろう。戸を編成して籍に登録するにあたって、戸主との直接・間接の何らかのつながりのあるものが選ばれたと考えられるのだが、戸籍を作るたびに、強引に作り直すのではなく、すでにあるものに引きずられて作られたものであることをうかがわせる。つまり、こうした区分は、丁数を基準に大宝二年（七〇二）を遡る段階で定められたものなのである。兵士役も桑漆栽培も牛飼いもいずれも身体的な労働を課せられた負担であるが、そうした場合には戸の規模が考慮されたのであろう。

九等戸

次いで九等戸の場合だが、これは結論を先に言うと、資産により区分されていた。律令の規定では、九等戸は義倉《ぎそう》と雇役《こえき》に機能した。

義倉の制度の淵源は中国にあり、備荒貯蓄を目的として、粟・稲・大麦・小麦・大豆・小豆を出させるものである。賦役令《ぶやくりよう》義倉条に規定があるが、この義倉を一位の位階をもつものから百姓《ひやくせい》・雑色人《ぞうしきにん》と呼ばれる庶民にいたるまでを、上々から下々までの九等に区分し、それぞれの戸等に応じて負担させることになっていた。この九等は、先ほどの大宝令の注釈書である古記にも資財を計って定めるとある。

こうした資産による区分は人の徴発にも機能した。古代では国家が造営事業などを行うに際して、対価を支払って労働力を雇用する場合があるが、それが雇役である。もっとも現在のような労働市場が存在するわけではなかったので、そこには強制力が働いていた。難波宮の造営などにかり出された雇役民の例があるが、けっこう逃げ出すものも多くあったらしい。

これも賦役令雇役丁条に規定があるが、国司がそれぞれの戸の「貧富強弱」を調べて九等に区分した帳簿をあらかじめ作っておくことが定められていた。問題はこの貧富についてである。

失敗した恤救策の制度設計

義倉についての基本的な規定は大宝令に定まっていたが、早くも慶雲三年（七〇六）に変更される。令の原則では一位以下、百姓・雑色人までに義倉を負担させることとされ、すべての戸から出させることになっていたのだが、義倉の本義は窮民の給養のためのものであり、貧戸に負担させるのは道理に合わないということで、慶雲三年以降は中中戸以上の粟をもって義倉とすることに変更された。貧窮した人々への救恤《きゅうじゅつ》制度であるのに、貧戸から取り立てるのは誤りであるとして、改変されたわけである。

そして、和銅六年（七一三）には九等区分の基準について、資財一〇〇貫以上を上々戸、六〇貫以上を上中戸、四〇貫以上を上下戸、二〇貫以上を中上戸、一六貫以上を中々戸、一二貫以上を中下戸、八貫以上を下上戸、四貫以上を下中戸、二貫以上を下々戸とすることが定められた。これは九等区分についてその資産を銭に換算する措置で、当時、平城京の造営にあたり、律令国家が支払い手段として和銅開珎《わどうかいちん》を発行したことにともなうものである。律令国家は役丁《えきてい》の労働の対価として、一日一文の銭を支給したのだが、銭一〇〇〇文で一貫となる。

こうした銭が発行されることで、それまで布で収めていた租税の調が銭でも収められるようになるなど、さまざまなものが銭に換算されることになった。資財を計算する際にも銭が用いられることになり、それに対応して義倉の九等戸の銭に換算した資財が定められたわけである。

しかしこの区分はすぐに見直されることになる。和銅八年（霊亀元年、七一五）には、銭三〇貫以上を上々戸、二五貫以上を上中戸、二〇貫以上を上下戸、一五貫以上を中上戸、一〇貫以上を中々戸、六貫以上を中下戸、三貫以上を下上戸、二貫以上を下中戸、一貫以上を下々戸とすること、また奴《やつこ》一口を銭六〇〇文、婢《めやつこ》一口を銭四〇〇文とすることが定められた。和銅六年制の九等区分で上々戸が一〇〇貫以上の資財をもつ戸であったものを、ここでは三〇貫以上の資財をもつ戸に基準を引き下げたわけである。下々戸も和銅六年制では二貫以上であったものを、和銅八年制では一貫に引き下げられている。和銅六年制の基準では義倉負担が不足したのであろう。

古代の資産格差

このように戸の資財により九等区分がなされたのだが、九等区分の構成比率はどのようなものであったろう。御野国戸籍の九等戸を例にみてみよう。

九等戸の構成比率がわかるのは、半布里戸籍と戸籍の冒頭記載が残存する三井田《みいだ》里戸籍だ。半布里戸籍の場合、現存する五四戸の九等区分は中下が一戸、下上が二戸、下中が九戸、下々が四二戸であり、実に八割弱が下々戸であった。同じく三井田里戸籍の場合、総戸数は令の規定通り五〇戸で、その内訳は中下が一戸、下上が二戸、下中が七戸、下々が四〇戸であり、三井田里ではちょうど八割が下下戸に相当した。いずれも中下戸以上に区分されるものはいなかった。その構成比を示したのが、図12である。

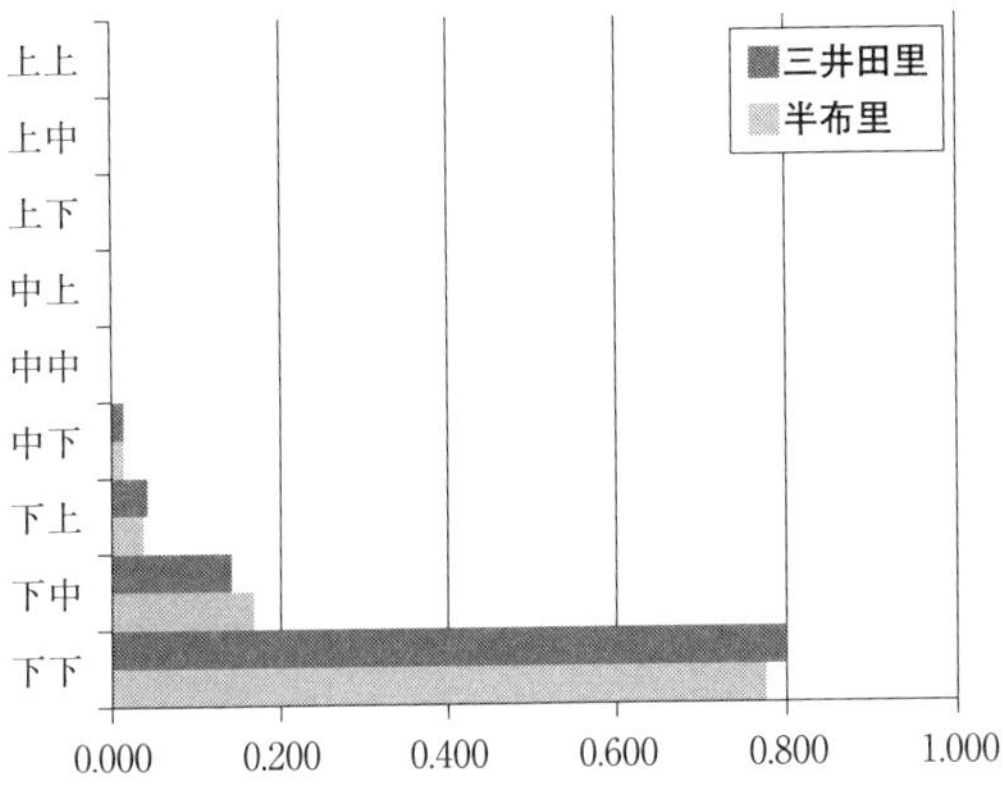

図12　御野国戸籍にみえる九等戸の構成比

ちなみに半布里で最上位の中下戸に区分されたのは県造《あがたのみやつこ》吉事《よごと》の戸である。戸口の総数四四人で奴婢《ぬひ》一三人が含まれた。すでにみたように、奴婢も資産に計上されるので、吉事の戸ではこれらの奴婢も計算に入れられたはずである。しかし、例えば、県主万得の戸は戸主の奴と戸主弟の奴を所有していたが分類は下下戸であった。奴婢が資産に計上されることは間違いないが、奴婢の所有だけが九等区分の基準になったわけではない。九等区分の基準にはその他の資財も計上されたと考えられるが、この点に関しては平安時代の初頭にまとめられた『日本霊異記』と『今昔物語集』を古く戸田芳実が比較し、古代の資産が動産を主体とすることを明らかにしている（『日本領主制成立史の研究』）。

正倉院文書には、実際に義倉の収納を記録した帳簿、義倉帳の断簡が二点伝わる。いずれも天平二年（七三〇）の安房国《あわのくに》義倉帳（『大日本古文書』一―四二四）と越前国《えちぜんのくに》義倉帳だ（『大日本古文書』一―四二五）。義倉の制度は頻繁に変更されたが、最終の和銅八年制での義倉の実情を示す史料である。断簡であるため全容はわからないが、安房国義倉帳は義倉を収めた戸数から長狭郡《ながさぐん》についてのもので、困窮者に施した賑給《しんごう》による支給とその年に収納された義倉粟が記載されている。それによると、長狭郡の戸数の総計は四一五戸でその内訳として中中二戸、中下二戸、下上三戸、下中一一戸、下々六九戸の八八戸が義倉を納入したことがみえる。注意したいのは、残り三二七戸が不輸《ふゆ》とされており、これらは義倉の粟を収めていなかった。義倉を収めた戸は中中から下々まであるので九等戸に区分されていたのだが、その等外の戸が存在したことになる。

この点は越前国義倉帳とされる断簡でも同様で、越前の場合、天平二年の戸数は総計で一〇一九戸、このうち上々一戸、上中四戸、上下七戸、中上四戸、中中五戸、中下八戸、下上一一戸、下中一三戸、下々四五戸が義倉を収め、等外の九二〇戸が義倉を収めなかった。天平二年の義倉帳からみえる実態では、令の規定通り九等戸で義倉を収納するが、等外の戸が多くみえるのである。これをどのように考えるかは問題だが、慶雲三年格制《きゃくせい》の令制当初の中中以上戸に負担させるという方針を維持しつつ、負担する戸を九等区分したと考えるのが妥当であろう。等外戸は令制当初の区分では中下以下の戸ということになる。

大宝二年の御野国戸籍での九等区分がどのような計算によっているのかは、厳密にはわからないが、現存する半布里戸籍・三井田里戸籍には中中以上の戸が存在しないので、慶雲三年以降では義倉を負担する戸がなくなったことになる。そもそも義倉は一位以下が負担するものであり、大同四年（八〇九）四月三十日官符では義倉を収めない五位以上の官人の位禄と封物を支給せず、留めることが定められている（『類聚三代格』巻一四、義倉事）が、五位以上の位階をもつ官人はまさに貴族であり、こうした貴族や富裕層に負担させるのが制度の実態であったろう。

大部分は資産一貫以下の貧戸

このように天平期の越前国・安房国義倉帳では圧倒的大部分は不輸戸に分類されており、それは令制当初の区分では中下戸以下に分類されるものであった。これをどのように考えるべきであろうか。

天平期の義倉帳にみえる九等区分と不輸戸は、資産区分の変化した段階のものであるため、この区分が当時の貧富の実態のどの側面を表現しているのかには留意する必要があるだろう。例えば、現在でも年収二〇〇〇万円を基準に勤労世帯の所得をわけるとするならば、ほとんどすべての勤労世帯の所得はこれを下回る。実際には、所得二〇〇〇万円以下

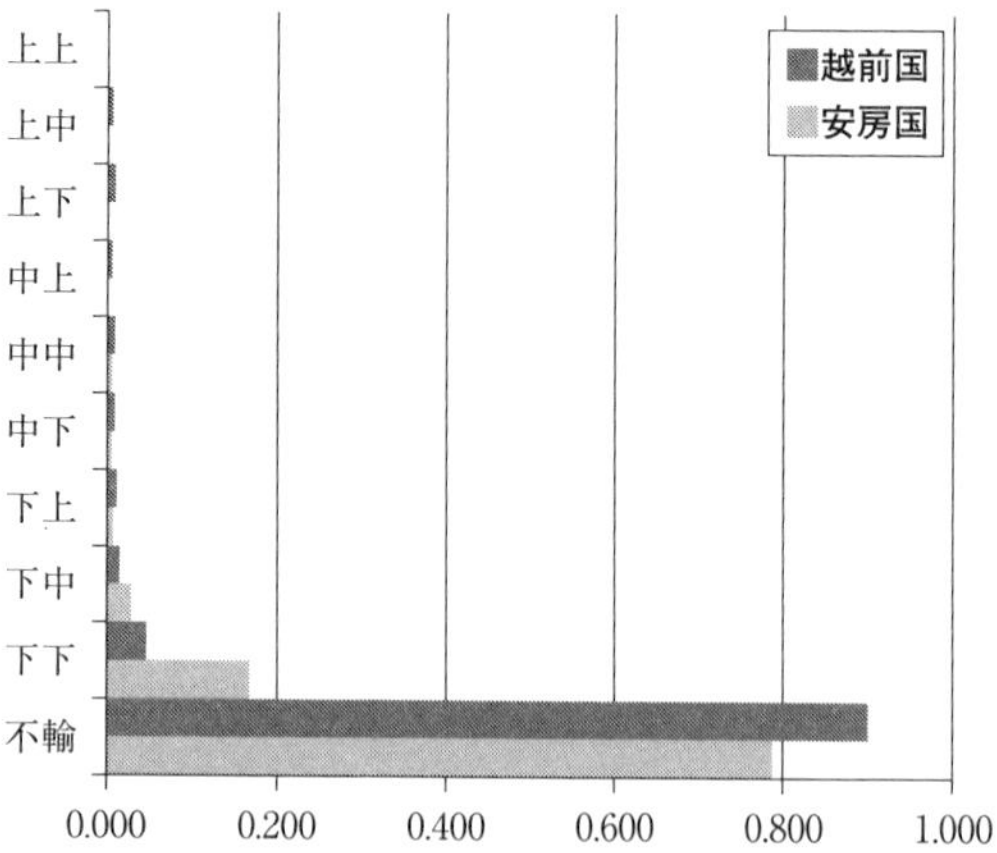

図13　義倉帳にみえる九等区分と等外戸の構成比

の世帯でもグラデーションがつくように、境目となる閾値《しきいち》の与え方次第で不輸戸の数が決まることになる。

そのため天平期の義倉帳では慶雲三年格制以前の中下以下の戸の構成比はわからないのだが、この点でやはり無視し得ないのが、大宝二年の半布里戸籍と三井田里戸籍の九等戸のあり方である。これを天平期の義倉帳の義倉を負担する見戸《げんこ》における九等戸と不輸戸の構成比と比較してみると、図13に示すように、安房・越前で不輸戸もふくめた構成比と御野国戸籍での構成比はほぼ同じである。もちろん、これも閾値の与え方で変わるのだが、大宝令制で下々戸に分類される戸が天平二年で不輸とされた戸と同等だと考えると、ほぼ同じだ。

ここからわかるのは、富めるものと一般のものとの間には圧倒的な格差が存在したことで、少なくとも資産一貫を持ち得ない貧戸が大部分を占めるということである。現在では、所得が国民の「平均値」の半分に満たない人の割合を貧困率として、相対的な低所得者を把握するのだが、そうした貧困率を計算する必要もないだろう。日本古代の地域社会は、ごく一部の富裕な階層を別にして、大部分は貧戸なのであった。

資産としての奴婢

以上のように日本の古代社会を構成する圧倒的大部分の百姓層は資産一貫をもたない貧戸であったが、一方で、ごく一握りの富裕層が存在した。こうした富裕層の資産だが、稲や銭などを大量に蓄積し、それを政府に献上することで位階をもらう事例がみられるように、古代において資産の主体は動産であった。そうした動産もふくめて貧富が定められるのだが、そうした動産の一つとして奴婢があった。律令には資産の相続についての規定があり、相続の対象となるのは、家人《けにん》・奴婢・田《でん》宅《たく》・資財であった（戸令応分条）。一応、家人・奴婢は人間でありながら他人の資産とされる存在、すなわち動産にほかならなかった。

ちなみに、和銅八年の規定では、銭三〇貫以上で上々戸に区分されるのだが、それを奴一口六〇〇〇文で割ってみると、一貫は一〇〇〇文なので、三〇貫は三万文となり、五〇人の奴を所有していれば上々戸に分類されたことになる。なお、この場合の奴婢は単に一口とあり、その年齢が考慮されていないのだが、この点については霊亀三年（七一七）十一月八日官符《かんぷ》により、奴婢の「幼長」すなわち年齢により価格が変更された（賦役令集解義倉条所引)。その具体的な換算比は不明であるが、奴婢の売買を示す券文《けんもん》は東大寺東南院文書などに伝わっている。

奴婢の隷属

古くは『三国志』魏書東夷伝倭人条、いわゆる魏志倭人伝に、邪馬台国の卑弥呼が魏に男女の生口《せいこう》を送ったことがみえるが、動産として扱われる生口は奴隷であり、奴婢に相当する。日本古代の奴婢は、男女の賤民の総称で、男が奴（ヤツコ）、女が婢（メノヤツコ）である。ヤツコについては、和語のヤは家・屋など構造物を意味するので、それを支配・所有する有力者に隷属し、ヤの仕事に従事するものがヤツコであったと考えられている。

律令制下の奴婢には、陵戸《りょうこ》・官戸《かんこ》・家人・公奴婢《くぬひ》・私奴婢《しぬひ》の五色《ごしき》の賤《せん》と呼ばれる区分があるが（戸令当色為婚条）、律令公民制の成立過程において、天皇に奉仕する公民と有力氏族などが所有する賤民の区分が行われ、これが良賤制の基礎となった。陵戸は陵墓を維持するための雑事に従事し、官戸・公奴婢は官司や王宮に隷属して雑役《ぞうやく》を行った。氏族のヤケ（宅）の経営に組み込まれているヤツコが家人・私奴婢である。

総人口に占める奴婢の割合は、戸籍に計上されているものをみると四％程度であり、八世紀初頭の日本古代の人口が四五〇万人だとすると、およそ二〇万人弱の奴婢が存在したと推定できる。こうした隷属者である奴婢は天皇をはじめとする貴族、地方の有力家父長層のもとに集積され、寺社も多くの奴婢を所有していた。ちなみに、東大寺に所属する奴婢は二〇〇人以上にのぼり、鹿島神宮でも一〇〇人以上の規模で奴婢を所有していた。

西海道戸籍にみえる筑前国志摩郡大領《だいりょう》である肥君猪手《ひのきみのいて》の戸の場合、奴婢には戸主奴婢・戸主母奴婢・戸主私奴婢の三区分があったが、戸主奴婢と戸主私奴婢が区別されていることから考えて、前者は氏族が所有する奴婢、いわば家人、後者が戸主の私奴婢なのであろう。戸主母奴婢も計上されているが、戸主の母が奴婢を所有している例は半布里戸籍の県造吉事の戸にもみえる。古代でも有力な女性は奴婢所有の主体であった。

戸籍からみた婚姻

戸籍にみえる妻と夫

元始女性は太陽であった？

さて、戸籍にみえる戸《こ》はどのような人のつながりを示すのだろうか。現代の日本に住む私たちにとって、世帯と家族、戸と家族の関係は容易に連想しうるのだが、古代の戸籍では一つの戸に複数の世帯が含まれたり、血縁関係にないものも含まれたりする。はたして古代の戸とはどのような意味をもったのだろう。実は、この点をめぐっては、長く激しい論争がある。

この問題の淵源は、十九世紀のヨーロッパを中心に生まれた社会進化論にまで遡る。かつてエンゲルスは、バッハオーフェン『母権制』・モルガン『古代社会』に依拠して、『家族・私有財産および国家の起源』において、人類史の初発の段階では無規律な性交・群婚《ぐんこん》が支配的であるため、集団は母系によってその出自が確認されるに過ぎないとして、母系制が先行すると考えた。その後、牧畜の発生など男性労働の比重が大きくなり、父系制社会が出現することで、女性の地位が「世界史的敗北」を迎えると表現した。

当時の西欧世界の人々の自己認識は、世界文明の最も発達した姿が西欧であり、その共通の基礎はギリシアにあるとして、ギリシアが西欧文明の古典古代としてクローズアップされる。古代ギリシアの世界が、最も優れた文明の根源とされたのだ。そうしたギリシアの神話の世界に人類の始原の姿を見いだすのだが、地中海沿岸地帯では元来、豊穣などを司る女神への信仰・崇拝があった。こうして、ギリシア神話の古層に女神が見いだされることになるのだが、神々しいばかりの女性が始原の姿であるとの捉え方が広まってゆく。こうした考え方は、ヨーロッパを中心とした世界観にすぎないなどの問題をかかえてはいるが、ここから近代の女性解放思想が生み出されていった。

元始、女性は実に太陽であった。真正の人であった。今、女性は月である。他に依って生き、他の光によって輝く、病人のやうな青白い顔の月である。

これは、明治四十四年（一九一一）の雑誌『青鞜《せいとう》』創刊時の平塚らいてうによる発刊の辞の冒頭部分で有名なものだが、元来、自由で真正の人であった女性が、男性の支配下におかれる社会に転換していったことが、太陽と月に擬《なぞら》えて表現されている。

エンゲルスは、このような社会的思潮を背景に、母系制社会から父系制社会への転換という「世界史的敗北」が、どのような社会関係の変化により引き起こされるのか、家族や階級・国家の形成とともに人類史の壮大な理論を組み立てたわけである。

実態説と家父長制

こうした十九世紀の社会進化論を背景として、人類の歴史では母系制が先行し父系制へと転換すると考え、日本古代の家族が母系制から父系制への歴史的展開のどの段階に位置するかが論じられることとなった。その際、分析の焦点になったのが戸籍・計帳《けいちょう》にみえる戸である。古く石母田正・藤間生大は、戸籍・計帳に示す戸が当時の家族の実態をあらわすと考えた（石母田正「奈良時代農民の婚姻形態に関する一考察」、藤間生大「郷戸について」）。

現存する古代の戸籍をみると、それぞれの戸籍・計帳で夫と妻の同籍率が著しく異なること、当時の戸はいくつかの世帯を含むが戸主と血縁でつながらない非血縁者が含まれる場合もあることから、戸籍・計帳にみられる戸の構成上の特徴を発展段階差とみなし、奈良時代は夫婦別居制から同居制への移行段階にあると考え、家族形態は家父長制へと展開する過程にあるとした。そうして描かれた構想が、原初の氏族共同体から、大化前代において親族共同体が形成され、さらにその内部に夫婦別居による大家族である家族共同体が生じ、その上で、同居の進行とともに家父長権が発生し、奴婢《ぬひ》などの奴隷を内包した家父長的奴隷制大家族が成立するというものである。

第二次世界大戦の敗戦前には、こうした史的唯物論は権力的に弾圧されており、『古事記』や『日本書紀』の神話にもとづく皇国史観の嵐が吹き荒れていたのだが、戦後は、そうして描かれた天壌無窮の日本史像を書き改めるために、人類に普遍な理論が指向されるようになり、史的唯物論がグランドセオリーの位置を占めるようになる。その結果、この家父長制学説が戦後の古代史研究の出発点となるのである。

実態説への疑問

戸の姿は、諸国の戸籍で多様なのだが、すでにみたように、戸主である男性を軸にしたまとまりを示す。古代の婚姻が、当時も今も広く信じられている男性が女性の許を訪れる妻問婚《つまどいこん》であるとするならば、戸籍・計帳に夫と妻が同籍している現象はどのように理解できるのか、一方、乳幼児が父とのみ同籍して母がみえない場合も多くあることをどう理解するかなどが問われることになる。

例えば、詩人の高群逸枝は、戸籍や計帳にみえる戸の姿をフィクションとして斥《しりぞ》け、平安期の貴族の日記や文学作品の分析から、日本の古代に夫婦が生涯別居する「妻問婚」、通いと同居が半ばする「前婿取婚」が行われ、基本的に母系制が優越することを積極的に主張し、日本における家父長制の成立をもっと遅い時期に想定した（高群逸枝『招婿婚の研究』）。高群の仕事は孤高のものであり、戦後歴史学の中に位置を占めることはなかったが、後に女性史研究が盛り上がりを見せるにしたがい再評価されることとなった。

すでに述べたように、古代の戸には、一戸一兵士の原則があった可能性が想定されているが、当然のことながら、それは当時の軍事制度との関連を考慮しなければならないだろう。同じように、古代には封戸《ふこ》という制度があり、封戸を与えられた封主《ふしゅ》には戸からあがる調《ちょう》庸《よう》および租《そ》の半分が給与として支給されることになっていた。この戸にバラツキがあっては、給与制度として成り立たない。

そのため戸には何らかの操作が加えられたことは十分想定できるところであり、戸は一定の兵士役や租税を負担する男丁《だんてい》（課口《かこう》）を含むよう、分割や合体などの操作をへて編み出されたものであるとする考えが広まっていった。こうした戸の編成を操作することを編戸《へんこ》と呼び習わしているが、戸籍・計帳にみえる戸が人為的に編成されたものとの理解が広がり、そこから直接的に古代家族像を導くことは困難とされるようになった。その結果、戸籍・計帳を通じた古代の家族をめぐる議論は停滞する。

双系制説と女性史研究

そこで戸籍・計帳に頼らない分析方法が求められるのだが、吉田孝は、例えばオジ・オバといった日本古代の親族呼称が、父方・母方の区別がないという双方的な性格に着目する（吉田孝『律令国家と古代の社会』）。日本古代には氏（ウヂ）とよばれる組織があるが、氏を代表する氏上《うじのかみ》は、王権との政治的な関係により、傍系を含むかなり広い範囲から選ばれるのが通例で、日本古代の氏の構成は絶えず変動するものであった。そして、同じ氏族に属する男女が婚姻する事例がみられるように、この組織は外婚制をともなう父系単系の出自集団ではなかった。

中国では父系の出自集団である宗族《そうぞく》が明確で、父方・母方の親族呼称が区別されているのに対して、日本古代の場合、直系親のチチ・ハハと傍系親のヲヂ・ヲバは区別されるが、父方のヲジ・ヲバと母方のヲジ・ヲバを区別しない。吉田はこうした双方的な性格に着目し、このような親族呼称は、父方・母方を区別しない点で双方的な親族組織に適合的であるが、直系親と傍系親とを区別する点で、傍系親までを含む拡大家族には適合せず、当時の基本的な単位が母子と夫からなる小家族であったことを主張する。父方・母方どちらの血縁集団に帰属するかは、個人の選択により決定され、個人を中心とした父方・母方の親類（キンドレッド）が大きな意味をもった社会、すなわち双系制社会として把握することを提唱した。

この研究は家父長制的大家族を否定した点で、女性史研究と歩みをともにすることになり、婚姻のあり方についても父系・母系紐帯《ちゅうたい》の相互性が強調されるようになる。古代において家父長による女性の支配は存在しないとされ、妻の性は夫により排他的に独占されず、男女の関係は気の向く間だけ継続する一夫一婦の単婚にいたらない男女一対の配偶関係、すなわち対偶婚《たいぐうこん》と呼ぶべきもので、家族の内実は母子＋夫の小家族であったとされる

（関口裕子「古代家族と婚姻形態」）。

戸主とのつながりの範囲

戸を当時の家族の実態そのままとみなせないことは間違いないのだが、まったく無関係に編戸が行われたかというと、それを証明することの方が実は難しい。そもそも実際の戸籍にみえる戸の姿はあまりにも多様である。常に一定数を維持するような編戸が行われていたのなら、もっと平準化されていてしかるべきである。

杉本一樹が最大公約数として見いだした編戸の原理は、戸主から男系・女系双方（婚姻関係も含む）の親族関係をたどって、ほぼイトコを超えない範囲の親族を組織したというもので、戸内の戸口から親族関係の連鎖を利用し横に拡大するが、親族関係の表示方法にみられた優先関係からは、編成に際して核となったのは成年男子であったとされる。杉本は、こうして編成された戸は「絶えず戸主と一定の距離以内の親族関係を中心に再編され、戸主との距離がある程度以上遠くなった戸口を放出するような戸の運動法則」があることを指摘する（杉本一樹「編戸制再検討のための覚書」）。

戸内には戸主との続柄のわからない寄口《きこう》・寄人《きじん》もみえるが、これらは、例えば戸主妹の夫など戸主と女系でつながるもので、父系で編成された戸籍で戸主との繋がりを表現しようのないものが寄口と表現されたと考えられている。戸籍・計帳にみえる戸の多様性を考慮するならば、戸が現実の社会関係とまったく無関係に編成されたと考えることはできないのであり、こうした編戸をめぐって、どのようなつながりが選択されたかが問題となる。戸が擬制《ぎせい》されたものであることは、もはや疑いようがないが、時代が下れば下るほど戸籍・計帳の擬制性は高まる。とするならば、最も古いものこそが擬制の度合いが低いと考えるのは当然であろう。律令政府は、大宝二年籍（七〇二年）を編纂した直後に、戸籍・計帳は国家の大信であるから、偽りが起きたときのために庚午年籍《こうごねんじゃく》を定めとして対照するよう命じているが（『続日本紀』大宝三年七月甲午条）、現存する最古の戸籍がこの時のものである。史料の第一選択は大宝二年籍をおいてほかにない。なかでも、最もまとまって伝わる半布里《はにゅう》戸籍こそが当時の社会の実態を考える最良の史料ということになる。この史料から導かれるものを無視することはできないだろう。

婚姻の実態が問題

これまでの議論でなにより問題なのは、群婚から一夫一婦婚への進化、母系制から父系制への展開を想定していた十九世紀の古典理論そのものである。社会の変化はヨーロッパを基準とする単系の発展段階をへるものではなく、地球上のさまざまな条件により多様である。はたして、こうした人類進化の理論が実証しうるものなのか、現在の霊長類学・人類学・民族学研究の水準で捉え直す必要があるだろう。これまでの研究の大前提も疑ってかかった方が良さそうだ。今のところ母系制から父系制への変化を実証した研究は存在しない。

また女性史研究での婚姻像は、家父長制否定説から論理的に導かれるものだが、これも史料にもとづき検証されなければならないだろう。この点については古くから議論があり、反証も行われているのだが、まだまだわからないことが多い。例えば、巷間に流布している生涯的な訪婚（妻問婚）が本当に行われていたのか、当時の小家族について母子の強固な結合に比して、夫との関係は不安定であると考えるのだが、家族労働をめぐる性別分業と協業のあり方などはどのようなものであったのか、母子だけでどのように生活していたのか、そもそも男性は何をしていたのか、さらに、男女の性愛結合の不安定性が強調されるが、これもどこまで本当なのだろうか、戸籍・計帳にみえる妻や妾の別は便宜的なものであり、夫と性関係のある複数の女性のうち、年長のものが妻とされたにすぎないない、女性の性も男性との排他的関係にないとされるが、これもはたして実態はどのようなものなのか、いろいろと考えてみなければならないことが多い。

庶民レベルの婚姻の実態など生活史については史料的制約もあり難しいのだが、これこそは明らかにしなければならないだろう。

夫婦別姓

以上は、古代史研究のおおまかな流れであるが、実際の古代の戸籍にみえる夫婦の姿はどのようなものだったろう。この点にふれてみよう。

まず、大原則からみてみよう。これは古代社会の基本原理であり、どの戸籍でも共通にみえることなのだが、古代の夫婦は別姓であった。

例えば、筑前国島郡川辺里戸籍の冒頭にみえる戸主占部乃母曽《うらべののもそ》の戸の場合、戸主の母は葛野部伊志売《かどのべのいしめ》であり、亡くなった占部某と葛野部伊志売の間に生まれたのが占部乃母曽であった。同戸では、偶然戸主と妻はいずれも占部であるが、同戸に編附されている戸主の従父弟の卜部方名《うらべのかたな》の妻は中臣部比多米売《なかとみべのひためめ》である。このように、古代の戸籍では、父方の氏姓は子に継承されるが、妻は自らの出自集団の氏姓を変更しない。

ウジとカバネ

古代では氏と姓により自らが属する集団が表現され、そこに固有名が付されて個人が表現されるのだが、こうしたウジ名が明確になるのは六世紀以降のことである。

埼玉県行田市の埼玉《さきたま》古墳群に含まれる全長一二〇㍍《メートル》の前方後円墳、稲荷山《いなりやま》古墳から出土した五世紀後半の鉄剣銘にはウジ名に相当するものがみえない。鉄剣銘には、辛亥《しんがい》年すなわち四七一年の年記と、上祖オオヒコ―タカリスクネ―テヨカリワケ―タカハシワケ―タサキワケ―ハテヒ―カサハヨ―ヲワケにおよぶ八代の男性族長の系譜がみえ、ワカタケル大王すなわち雄略王に、杖刀人首《じょうとうじんのおびと》として奉仕したヲワケ臣が奉事根源を記すことを目的に製作したことを示すが、ここには、後世のウジ名に相当するものがみえないのである。

これに対して六世紀に築造された、島根県松江市の岡田山一号墳から出土した鉄剣には「額田部臣《ぬかたべのおみ》」とウジ名に相当するものがみえる。こうしたウジ名は五世紀末から六世紀にかけて成立したと考えられている。ウジ名には、地域名や王宮での職掌などさまざまなものがあるが、ウジ名により表現される氏族は、王権との関係で政治的に編成された組織でもあった。そうした集団の構成原理は、それはそれで考えねばならない問題だが、古代では自らが属する集団というのは基本的に不変であった。

現在の日本の多くの人が結婚時に選択する同姓の現象は、形式上、属する集団を移動することでもあるのだが、そうした現象は個人の属性が容易に変更可能な社会において生じるものであり、古代社会のような血縁原理が濃厚な氏族社会ではまだ生じる余地がなかった。家が汎社会的に存在するようになり、社会が家を単位として組織されるようになることで、はじめて生じる現象である。ウジからイエへという歴史的経験をへて成立する現象であり、それは中世以降に広がる。極端なことを言えば、法律により一般庶民にまで家の組織を強制した近代になっての産物なのである。古より夫婦同姓が日本の伝統だなどというのは、まったくの俗説にすぎない。

夫婦の同籍

また、もう一つ、この問題を考える上で留意しなければならないのは、古代の戸籍にはそれぞれ個性があることだ。現在の戸籍は、民法の定めにより統一的に編製されるが、古代ではもとより、そのような統一性を求めることは不可能であり、まちまちである。この点を前提として、古代戸籍にみえる妻と夫に注目してみよう。戸籍のなかから夫婦を数え上げると、例えば、御野国《みののくに》の半布里戸籍では妻を同籍する夫は一二〇例が確認できる。また西海道の戸籍で夫と妻の関係にある男性と女性は、妾もふくめて数えると一四〇例がある。そのうち妻であることが明示されているものは一二一例である。

以上は大宝二年籍の事例であるが、養老五年（七二一）の下総国の戸籍では夫と妻の関係が明示されている例は、四一例にすぎない。御野国戸籍の場合、男性の戸主とその妻を同籍することが多いが、下総国葛飾郡の大嶋《おおしま》郷戸籍は郷戸主《ごうこしゅ》や房戸主《ぼうこしゅ》以外が妻や妾を同籍する例が少なく、妻と夫の対偶関係を示す同籍率が低いのである。

こうした事実が当時の家族のあり方をどのように表現しているのかが議論されてきたのであり、それを地域の発展段階差として処理してきたのだが、下総国戸籍には注意しなければならないことがある。実は二〇代の夫がみえないのだ。唯一、倉麻《そうま》郡意宇《おう》郷戸籍で藤《ふじ》原部奈弥志麻《わらべのなみしま》（一八歳）と藤原部奈尓母売《ふじわらべなにもめ》（一七歳）の対偶関係を確認できるが、大嶋郷戸籍と山幡《やまはた》郷戸籍には、二〇代の夫が見当たらない。下総国の戸籍は残存率も悪く、大嶋郷戸籍では四四％の戸主が確認できるだけであり、残らなかった部分にそれが記載されていた可能性も考えられなくはないが、現存するものでは右の一例を除いて、戸主はいずれも三〇代以上である。

当然のことながら、母子の年齢差から母が子どもを出産した時期を推定してみると、下総国戸籍で母子関係が確認できる一五一例のうち、五〇例が二〇代で出産していると考えられる。同様に父子の年齢差から子どもが生まれた時期の父の年齢を推定してみると、母と同様に二〇代で父になったと考えられるものは二一例ある。現実的には二〇代の男性・女性は対偶関係にあり子をなしていたのだが、それらがいずれも戸籍上にみえないのである。この現象は西海道の戸籍や御野国の戸籍では確認できないので、これはやはり大嶋郷戸籍での特殊な現象であり、戸籍の編成上の個体差があるのだが、戸籍作成の実質的主体であった葛飾郡に固有の戸の編成方針に関わるものと考えるべきであろう。

再婚する男と女

夫婦の年齢差

では具体的に戸籍にみえる夫婦の姿をみてみよう。すでに述べたように、戸令《こりょう》聴婚嫁条の規定によると男性の一五歳以上、女性の一三歳以上に婚姻が許されるのだが、戸籍にみられる夫婦の婚姻年齢は、推定しうる初婚年齢に差がみられるものの、おおむね律令の規定の範囲内に収まる。中世でも同様で、この程度の年齢で婚姻したらしい。

実は、戸籍において同籍している男女についてその年齢差に着目してみると面白い現象が読み取れる。表1は、半布里《はにゅう》戸籍において、妻を同籍している「某」と「某妻」の年齢差を一〇歳ごとに平均をとったものである。ちなみに戸籍には、対偶関係にある男女がすべてその事実が記載されているわけではない。今でもそうだが、男女の対偶関係にはさま

表1　半布里戸籍にみえる夫婦間の平均年齢差

	半布里						西海道	
夫の年代	夫婦間の年齢差	例数	戸主	例数	非戸主	例数	夫婦間の年齢差	例数
80	12.50	2	12.50	2	−	−	12.00	1
70	12.29	7	14.40	5	7.00	2	31.00	3
60	9.40	15	10.00	11	7.75	4	8.00	9
50	7.18	27	6.00	14	8.34	13	4.48	23
40	4.96	25	0.57	7	6.67	18	2.77	31
30	2.64	25	4.75	4	2.24	21	1.88	34
20	2.87	16	0.00	2	3.29	14	0.56	18
10	-0.67	3	−	−	-0.67	3	−	−

ざまなものがあるのであり、戸籍に夫と妻として記載されたもの以外にも多く存在したはずである。そうしたものは、数えようがないので、ここで対象となるのは、戸籍に記載された夫婦についてである。

戸籍に夫婦として登録された男女の年齢差を集計したものがこの表だが、これによると、男性を基準にみた場合、例えば一〇代の男性の場合こうした組み合わせは三組しかないが、このうち二例は妻である女性が若干年長である。全体を見渡してみると、なかには、こうした年長の妻も確認できるが、多くは男性の年齢が高い。そして二〇代の男性では、妻との年齢差は平均二・八七歳で、夫の年齢が妻よりも上になる。

この夫と妻の年齢差は、夫が四〇代の場合、妻との平均の年齢差は四・九六歳となり、さらに夫が七〇代の場合には妻との平均の年齢差が一二・二九歳というように、若年層での男女間の年齢差に大きな開きはないが、高年齢層になるとその開きが大きくなる。対偶関係にある男女が、ともに年齢を重ねるならば、いつまでたっても年の差は開かないのだが、齢を重ねるにしたがって、男女の年齢差が開くのは、相手が変化しない限り生じない。つまり、この現象は再婚により生まれたものである。

同様に、西海道《さいかいどう》の戸籍で対偶関係にある男性と女性は、妾もふくめて一四〇例がある。そのうち妻であることが明示されているものは一二一例であるが、ここでも同様に、男性を基準に対偶関係にあるものの年齢差に着目し、一〇年単位で平均年齢差を集計してみると、半布里戸籍と同様に、戸主・非戸主を区別せず総計した場合、二〇代の夫と妻との平均年齢差はマイナス〇・六歳であるのに対し、三〇代では一・三歳、四〇代で二・九歳、五〇代で四・五歳というように、男性の年齢が上がるにしたがって妻との年齢差が開くことが確認できる。こうした現象は、当時一般的なものでもあった。

秦人山の戸

では具体的に戸籍を読み解いてみよう。半布里戸籍で妻と夫の年齢差が最も大きいのが秦人山《はたひとのやま》の戸の事例である。この戸は二二人からなり、戸主は秦人山で七三歳の耆老《きろう》。その戸の構成を図示したのが、図14である。

山の妻は秦人和良比売《はたひとのわらびめ》で四七歳。年齢差は二六歳である。山にはもう一人のツマがあ

図14　秦人山の戸

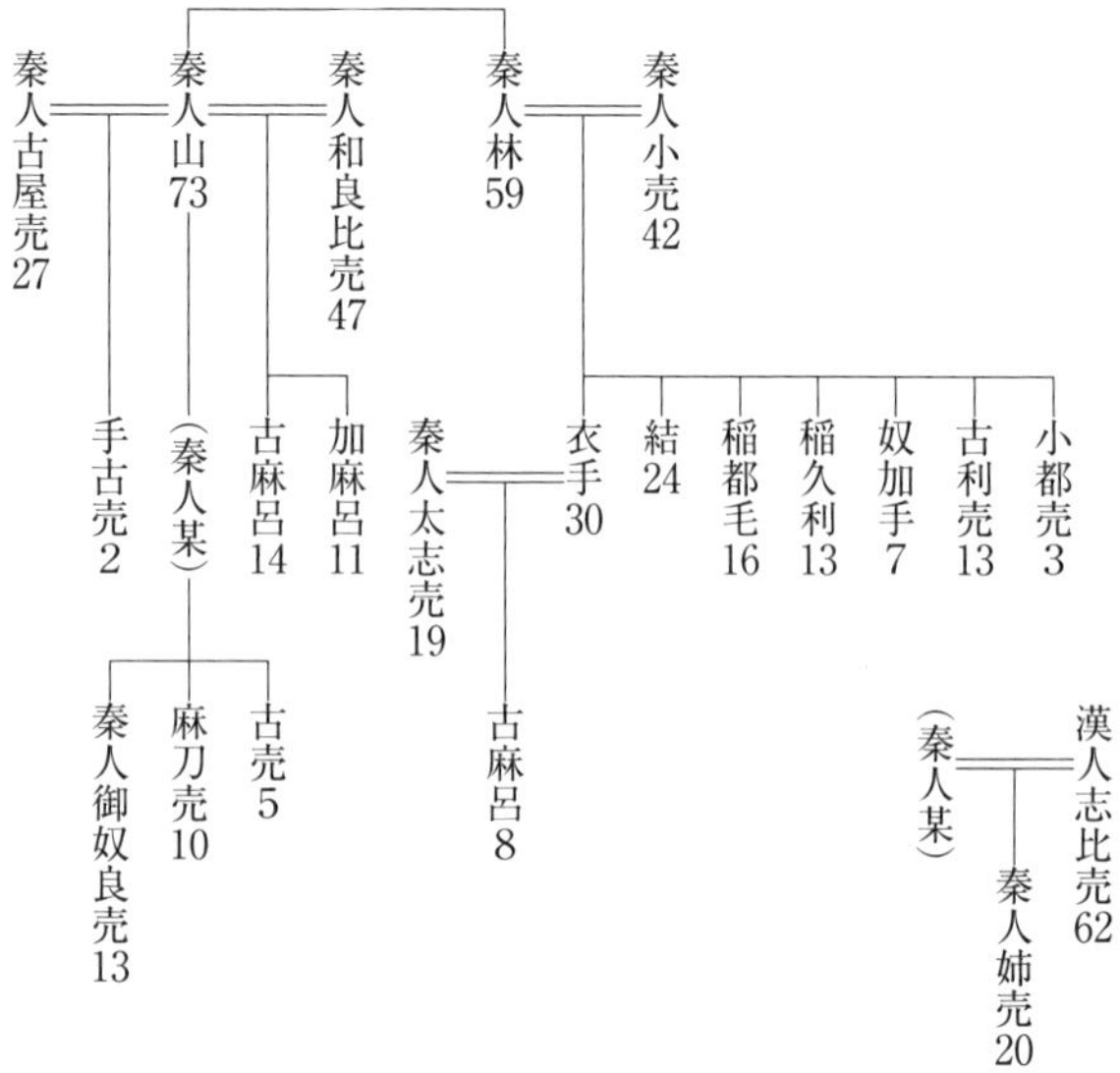

り、妾とされる秦人《はたひとの》古屋売《こやめ》は二七歳である。山の戸には山の嫡子として古麻呂《こまろ》が記載されており一四歳、次男の加麻呂《かまろ》が一一歳。古屋売との間には女児の手古《てこ》売《め》二歳がいる。さらに、戸主孫として御《み》奴良売《ぬらめ》一三歳、麻刀売《まとめ》一〇歳、古売《こめ》五歳の三人が記載されている。

そこでこれらの年齢差に注目してみよう。まず、戸主の山と妻の和良比売との関係に注目する場合、もし妻が初婚で戸令聴婚嫁条の規定どおりに婚姻の許される年齢、すなわち一三歳の時に結婚したならば、当時三九歳の山と婚姻関係をむすんだことになるが、嫡子古麻呂の年齢を考えると、妻和良比売と嫡子古麻呂の年齢差から山が五九歳、妻が三三歳の頃の子ということになる。

しかし、嫡子である古麻呂一四歳と最年長の孫である御奴良売一三歳との年齢差が一歳というのは不自然であり、ありえないことである。ここには何かがありそうだ。おそらく、山には戸籍に計上されていない男児があったのであり、その男児がもうけた子、山の孫が編附されたと考えるべきであろう。その幻の男児は最年少の孫が五歳であることから、直近の五年以内に亡くなっていることになるが、山と最年長の孫の年齢から考えて、もし生きていれば、その中間として四三歳頃であろうか。ともあれ、山の妻である和良比売とは近しい世代であった可能性が高い。その幻の男児が山と和良比売の子でないことは間違いないだろう。つまり、山には先妻がいたのであり、和良比売とは一度目か二度目かはわからないが、再婚であったのだ。

山の弟、秦人林も再婚

山の戸には弟の林《はやし》も記載されており、林は五九歳、林の嫡子衣手《きぬて》は三〇歳である。林には妻があり、その妻は秦人《はたひとの》小売《おめ》四二歳である。妻と夫の年齢差は一七歳。林の嫡子は三〇歳なので、小売との年齢差を考えると、小売が一二歳の時に衣手をなしたことになる。衣手が小売の実子であるかは疑わしい。

また林の子には同年齢の男女がおり、男子に稲久利《いなくり》一三歳と女子に古利売《こりめ》一三歳がいるのだが、当時の乳幼児死亡率の高さを考えると、双子の男女がともに一三歳まで生育できたかどうかも疑わしい。小売がはじめて子をなしたのが衣手だとして、一二歳で出産し、その後三九歳になるまでに六人の子を順調に産んだとは到底考えがたいだろう。林と小売それぞれが再婚である可能性も考えられる。

なお林の嫡子衣手についても同様で、衣手の妻太志売《たしめ》は一九歳であり、その間には古麻呂《こまろ》八歳がいる。太志売と古麻呂、太志売と衣手の年齢差はいずれも一一歳。古麻呂が太志売の実子であるか疑わしいだろう。衣手も再婚している可能性がある。

以上みてきたように、戸主である秦人山、その弟の秦人林、さらには林の子の衣手、いずれも再婚が確実か、ほぼ再婚が見込まれるのである。戸主の秦人山に連なる成人男性すべてである。山の先妻は、もし生きていれば、亡くなった男児の推定年齢四三歳から考えて、現在の妻よりも年長であったことは間違いない。山との年齢差はあまり開いていなかったはずだが、それが再婚により年齢差が開き、妾との複婚ではさらに年齢差が開くわけである。

再婚どうしの夫婦

このように戸籍を丹念に読み解くとさまざまな再婚事例が見受けられる。同じく半布里戸籍では、秦人都々弥《はたひとのつつみ》の戸も同様で、戸主である秦人都々弥は六八歳、その妻である秦人小倍志売《はたひとのこべしめ》は四五歳。年齢差二三歳であるが、都々弥には嫡子として加良比止《からひと》があり、彼は四三歳であった。嫡子と妻小倍志売との年齢

図15　生部津野麻呂の戸

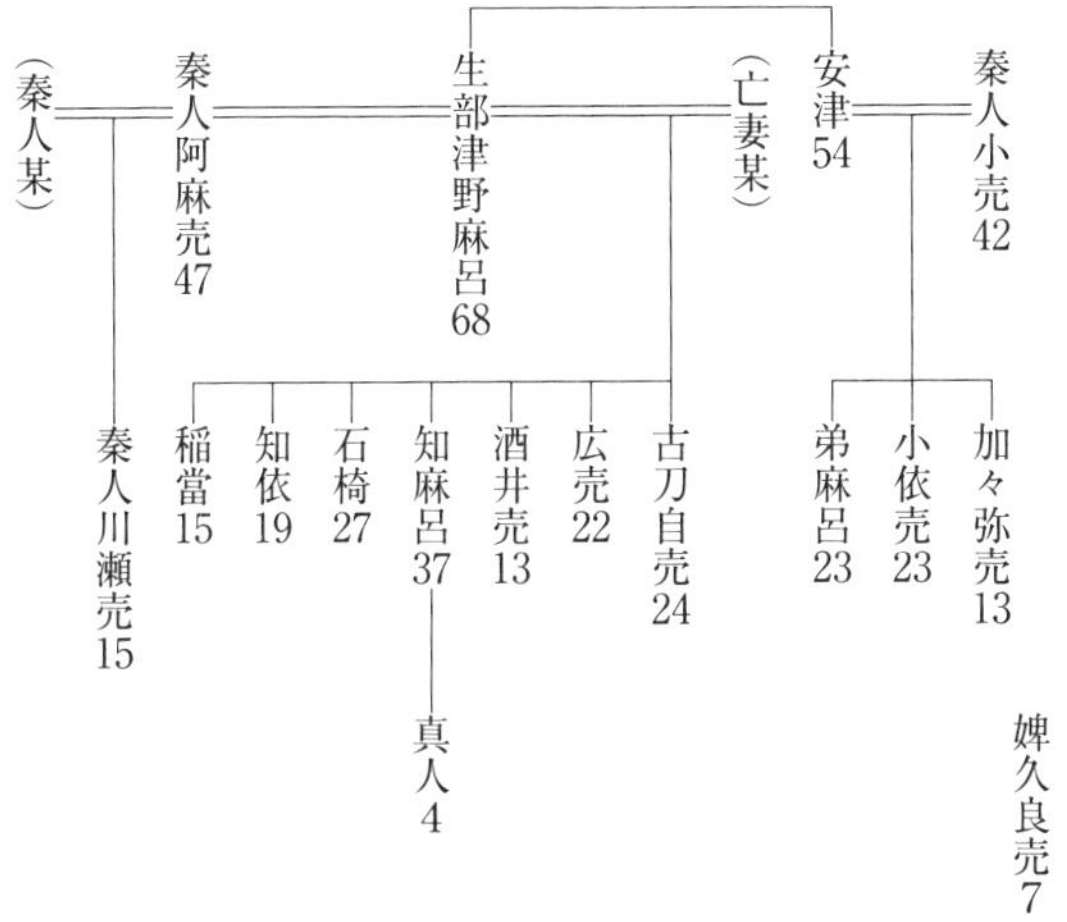

差が二歳となり、加良比止は小倍志売の実子ではないことがわかる。戸主である都々弥が再婚したものであることは確実である。

さらに、生部津野麻呂《みぶのつのまろ》の戸も興味深い事例だ。生部は壬生（ミブ）と同じである。生部津野麻呂は六八歳、その妻秦人《はたひとの》阿麻売《あまめ》は四七歳で、妻と夫の年齢差は二一歳である。しかるに、津野麻呂には嫡子があり、嫡子知麻呂《ともまろ》の年齢は三七歳である。つまり、嫡子と妻の年齢差は一〇歳ということになる。嫡子知麻呂は妻の実子ではないだろう。この戸には、戸主の女に「亡妻児」として古刀自売《ことじめ》二四歳・広売《ひろめ》二二歳・酒井売《さかいめ》一三歳が記載されており、津野麻呂が妻を亡くしたことが明白である。嫡子は前妻の子であろう。

また妻の秦人阿麻売であるが、亡妻との間に生まれた女性に次いで、阿麻売の児として秦人《はたひとの》川瀬売《かわせめ》一五歳が記載されている。この川瀬売だが御野国戸籍の場合、戸口の氏姓の省略は男系親に限られるので、津野麻呂との間に生まれた子であるならば、生部川瀬売が彼女の正式な表現となる。もし川瀬売が誰かと婚姻して、そちらの戸籍に編附されるとするならば、そのように表現されたはずである。しかし、ここに秦人川瀬売とあるように、秦人を冠していることが重要で、この秦人は父方の氏姓を継承して記載されたものにほかならない。つまり、どういうことかというと、秦人阿麻売が秦人某との間になした子が川瀬売であったということである。阿麻売が前夫である秦人某と死別したのか離別したのか、それが一度目か二度目かは不明だが、彼女も再婚なのである。つまり妻も夫同様に再婚なのである。

なお女性が年長の場合でも同様だ。例えば、県主万得を戸主とする戸には寄口《きこう》として、石上部根猪《いそのかみべのねい》三五歳が編附されていたが、根猪の妻は県主族《あがたぬしのやから》加比売《かひめ》で五九歳であった。この場合、妻が二四歳年長である。しかるに、妻には女児として伊波売《いはめ》二五歳があり、これが根猪の子であれば、伊波売の出生時に彼は一〇歳である。妻の連れ子と考えるのが穏当であろう。この妻も再婚である。

津野麻呂の事例でみたように、亡妻・亡妾の記載があるものは、配偶者との死別と判定できるのだが、半布里戸籍の場合、こうした記載は、残された女児のみになされるものであり、戸主の直系親族である男子の場合には残らない。亡妻の男子は、氏姓が省略されるのが原則であり、誰が亡妻の子であるかが判明しないのである。そのため、実際には妻を亡くして、次の妻との対偶関係にある場合、前妻との女児が同籍していない場合、それが再婚であるかどうかは判別しにくい。また前妻と同年代の女性と再婚した場合にも判別するのは困難である。

西海道戸籍にみえる再婚

西海道の諸戸籍には先妻・先妾さらには先夫などの記載が残されており、男性だけでなく女性も再婚により対偶関係を再構築していることがうかがえる。こうした例は多くあるのだが、例えば、川辺《かわべ》里戸籍にみえる戸主某の従父兄葛野部身麻呂《かどのべのみまろ》三三歳の妻建部与曽甫売《たけるべのよそほめ》三一歳には「先夫女」として建部多《たけるべのた》治麻売《じまめ》一三歳があり、この妻が再婚であることがわかる。

同じく川辺里戸籍では戸主物部細《もののべのほそ》の嫡子物部羊《もののべのひつじ》三九歳には妻卜部赤売《うらべのあかめ》四三歳があるが、「先妻男女」として物部鳥代《もののべのとりしろ》九歳・物部非豆売《もののべのひつめ》一一歳がおり、羊は赤売と再婚したことがわかる。ちなみに羊の弟にあたる物部都牟自《もののべのつむじ》三〇歳には妻物部枚太売《もののべのひらため》二五歳があるが、枚太売には先夫卜部某との間に女児卜部宿古太売《うらべのすこため》三歳があり、この妻も再婚であった。

なお、丁里戸籍にみえる戸主丁勝長兄《よぼろのすぐりながえ》は七七歳で、三三歳年下の妻墨田勝赤売《すみだのすぐりあかめ》四四歳があるが、「先嫡女」・「今嫡女」がみえることから、戸主長兄は赤売と再婚したことがわかる。半布里戸籍でみられたように、こうした著しく年齢のかけ離れた対偶関係は再婚によると考えてよいだろう。以下、煩雑にわたるので省略するが、古代においては配偶者との死別による再婚は頻繁に行われていたものと考えられる。

高い再婚率

このように古代の戸籍には再婚の事例と考えられるものがみられるのだが、それを定量的に把握することができないだろうか。再婚率を推定してみよう。断片的な戸籍では率を算出するのが難しいのだが、この点でほぼ全体が残っている半布里戸籍が便利である。表2は半布里戸籍に記載された戸の戸主に限って、再婚の可能性の高いものをまとめたものである。半布里戸籍の掲載順に戸ごとに番号をふり、子と妻の有無を0と1であらわした。1が有で0が無である。

対象を残存する戸主五四人に限定して詳細に検討してみると、まず、生部津野麻呂や秦人山の戸と同様に、戸籍に記載された戸口の年齢構成から再婚と確実に判明するのは六例ある（表2の戸番25・26・33・40・42・48）。

また、御野国戸籍の編製原理を考えた場合、戸主は妻を同籍するのが原則であるが、妻の記載がない戸主が九人いる（表2で妻が0のもの）。このうち実子と思われるものを同籍しているのが七人あり（戸番3・29・31・37・43・49・53）、この七人は妻と離別したか死

表２　再婚の可能性の高い戸主

戸番	戸主	年齢	子	妻	備考
1	石部三田	50	1	1	末子出産時妻43再婚か
2	縣主族嶋手	45	1	1	末子出産時妻44再婚か
3	物部宇麻	47	1	0	離別か死別
6	縣主族牛麻呂	53	1	1	末子出産時妻47再婚か
8	縣主族津真利	60	1	1	再婚？30歳の双子，子12人妾なし
11	縣主万得	42	1	1	末子出産時妻45，再婚か
19	秦人部身津	71	1	1	末子出産時51，誤記か再婚か
20	秦人古都	86	1	1	末子出産時妻49，誤記か再婚か
23	穂積部安倍	34	0	0	離別か死別
25	神人波手	56	1	1	再婚，妻連れ子
26	生部津野麻呂	68	1	1	亡妻記述あり
28	秦人多都	60	1	1	妻と嫡子年齢差14，再婚か
29	秦人部都弥	85	1	0	離別か死別
31	秦人久比	30	1	0	離別か死別
32	縣主族母呂	73	1	1	再婚か，妾あり，末子50
33	縣主族安部	52	1	1	亡妻記述あり
34	神人小人	46	0	0	離別か死別
37	秦人石寸	40	1	0	離別か死別
40	秦人山	73	1	1	孫と嫡子の年齢差１
42	秦人都々弥	68	1	1	妻と嫡子の年齢差２
43	秦人堅石	42	1	0	離別か死別
48	縣主族稲寸	55	1	1	亡妻記述あり
49	敢臣族岸臣目太	44	1	0	離別か死別
51	縣主古麻呂	48	1	1	子10，出産期間22，妾なし，再婚か
53	秦人阿波	69	1	0	離婚，死別，長子末子の年齢差31
54	不破勝族吉麻呂	58	1	1	子11，出産期間20，末子41，妾なし再婚か

子と妻のあるもの１，ないもの０．

別した状態にあると考えられ、いずれ再婚するものと考えられる。

このほかに、一〇人以上の子を同籍するものが三人あるが（戸番8・51・54）、これなども乳幼児死亡率を考えると、複数の妻の存在を考えるのが妥当であろう。妾を同籍していない場合には、これまでに複数の妻がいたということになる。

最低でもこの一六例は、再婚であろうと考えられるが、これだけで二九％強にのぼる。この表にあげた戸主だけで、ほぼ五割である。正確な数は把握しえないが、かなり高い再婚率が見込まれることは確実である。

念のため、西海道戸籍でも検証してみたところ、これも戸主に限定し、まとまって残っている川辺里と丁《よぼろ》里についてみてみると、まず、川辺里の場合、戸主は一九例確認できる。そのうち妻を同籍していないものは三人で、また先嫡男・先嫡女・先妾男・先妾女などの配偶者との死別が記載されているものが四例ある。このほかに戸主卜部首羊《うらべのおびとひつじ》（四〇歳）と妻卜部酒屋売《うらべのさかやめ》（七二歳）の年齢差が三二歳の戸が一例あるが、ここには戸主の女として一一歳の小女が編附されており、この母子の年齢差は六一歳になる。明らかに不自然な戸であり、これも何らかの事情を背景に想定すべきであろう。少なくとも合計七例（三六・八％）で再婚が発生していた。

丁里では戸主一九人のうち妻を同籍していないのは五人、先嫡・先妾が計上されているのが四例の計九例である（四七・三％）。

なお、下総国葛飾郡大嶋郷戸籍だが、郷戸主や房戸主以外が妻や妾を同籍する例が少ない。そのため、下総国の戸籍で再婚率を推定することはあまり意味がないのだが、念のためふれておくと、大嶋郷では郷戸主・房戸主を六五例確認でき、このうち妻を同籍していないものは三四例であり、戸主に限定してみると二二例中九例が妻を同籍していない。

鰥と寡

ちなみに、こうした妻を亡くした男性である鰥《やもお》と夫を亡くした女性である寡《やもめ》はどのくらいあったのだろう。この点を考える上で重要な史料が天平十一年（七三九）の出雲《いずも》国大税賑給歴名帳《たいぜいしんごうれきみょうちょう》である。古代には鰥・寡・孤・独と呼ばれる弱者、夫や妻に先立たれた男女や身寄りのないもの、孤児などに儒教的徳治の一環として、稲などを支給することがあり、それを賑給と呼んだ。地方政府の財源である正税《しょうぜい》（大税）から支出されるのだが、現在の島根県東部に相当する出雲国で誰にどれだけ支給したかを記録した帳簿である。

この史料も断片化しており、全体は残っていないのだが、それでも妻を亡くした鰥と夫を亡くした寡の記載が完存している里（コザト）について総計すると表3のようになる。男性の場合は六〇代・七〇代で賑給の対象となり、女性の場合は五〇代・六〇代・七〇代に支給された。ちなみに男女ともに八〇歳以上の高齢者は高年と呼ばれた。

表3　鰥寡

年齢	鰥	寡	
90	0	0	
85	0	0	
80	0	0	
75	2	16	
70	4	34	121
65	2	33	
60	2	38	
55	1	56	
50	0	32	
45	0	2	
40	0	0	
計	11	211	

高年の者にも賑給が行われる場合もあるが、天平十一年の事例では、男女ともに賑給の支給対象となる六〇・七〇代で比較すると興味深い結果になった。この年代は共通して賑給の対象なのだが、対象となる鰥は一〇人であるのに対し、寡は一二一人にのぼる。つまり男女比は約一：一二で寡が鰥を圧倒しているのだ。これは他の正税帳など賑給実施の記録でもほぼ同様である。

なぜ、このような比率になるのか、ひょっとして、この年代の男性が死に絶えているのかと調べてみると、半布里の年齢構成では、この年代の男性は二四人、女性は二八人を数える。出生する男女の比を性比というが、厚生労働省の『人口動態統計』により国立社会保障・人口問題研究所がまとめた人口統計によると、現在でも女性を一とすると男性は一・〇四ほどである（二〇一七年）。近代以降おおよそこの程度で推移しており、古代でもほぼ性比は一緒とみるべきであろう。となると、生き延びた高齢の男性が妻帯しているのに対し、同様の女性には夫がいなかったと考えるしかない。古代では再婚が頻発していたが、こうした現象は、妻を亡くした男性が若い女性と再婚することにより生まれたものであり、ある程度の女性が再婚の対象から除外されていたとしか考えられないのである。つまり、生き延びた男性を軸として世帯が再構成されていったわけだ。以上の関係を示すと図16のようになる。

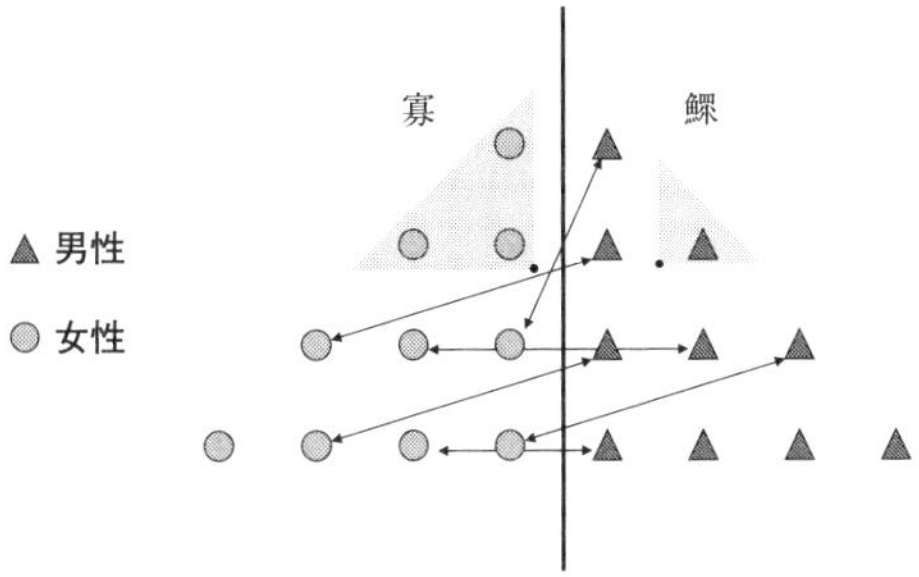

図16　対偶関係の構造

再婚の実態

以上のように大宝二年の御野国戸籍や西海道戸籍では、再婚の頻度が高いことが確認できるとともに、特徴があることがわかるが、この点を掘り下げてみよう。

こうした現象を端的に示す事例が、次の『日本霊異《にほんりょうい》記《き》』（中三四）「孤《みなしご》の嬢女《おみな》観音の銅像を憑敬《うやま》ひて奇《あや》しき表《しるし》を示し現報を得《え》る縁《ことのもと》」である。『日本霊異記』は、平安時代の初期に薬師寺の僧、景戒《けいかい》が著した日本を舞台にした仏教説話集で、僧が法会などで行う説法のマニュアルと考えられている。人々に広く仏法の功徳《くどく》を説くことが目指されており、説明のシチュエーションなど理解しやすいものとなっている。当時の人々の生活に即していることから、民衆の生活や信仰を考える恰好の史料でもある。次のようなものである。

奈良の右京の殖槻寺《うえつきでら》の辺《ほとり》の里に、未だ嫁がず夫のいない一人の孤独な嬢がいた。聖武天皇の御世に、父母が亡くなり、奴婢も逃げ散り、馬牛も死に失せ、財を失ひ家も貧しく、独り空しく宅を守り、昼夜、涙を流して過ごしていた。観音菩薩が願う所を叶《かな》えてくれると聞き、昼夜に泣きながら願っていた。里には富める者があり、妻が死んで独り身の鰥であった。そこでこの嬢を見て、媒《なかひと》を通じて求婚するが、女は貧しかったため、いったんは拒絶する。しかし男は、お前が貧しいことはよく知っているところだ、言うことを聞けと、強引に関係を結ぼうとする。女は、たちまちそれを受け入れ、交わり夫婦となるのだが、貧しさゆえ、夫への食事を用意することができなかった。すると、日頃帰依《きえ》していた観音が奇瑞を示し、食事が次から次へと現れて、危機を免れた。これ以降も、ますます観音を敬ったところ、以前のように大きな富を得て、飢《うえ》を脱れ愁《うれ》いもなくなった。夫婦は飢えることもなく、ともに早死にすることもなく、仲良く添い遂げ、命を全《またく》し身を永らえることができたのだが、これは、観音の霊験とともに、「あやしきこと」であった。

現在の感覚では、到底、理解しがたいところもあるが、ここでの主題は観音の霊験である。もとより仏教説話であって、事実を争うようなものではないのだが、ここに描かれているように、妻と死別した鰥、しかも富裕な男性が貧しく孤独な若い女性と再婚するというのは、ここまでに述べてきた古代の再婚の現象にほかならないだろう。

婚姻の連鎖

以上は夫と妻に着目しての事例だが、古代は複婚の社会であり、戸籍には妾とされるツマも記載された。当然のことながら、対偶関係の再構築は妾も含めてなされていた。妾は、半布里戸籍を含めた御野国戸籍全体で二一例、西海道戸籍全体では一八例、下総国戸籍全体では一六例がみえる。

例えば、各牟郡中里戸籍の戸主 神 直 族安麻呂《みわのあたえのやからやすまろ》（四五歳）には妻神人波利売《みわのはりめ》（四二歳）とともに妾として阿比古志祁太売《あひこのしけため》（三五歳）があったが、志祁太売の児として国 造 族 糠売《くにのみやつのやからぬかめ》（一一歳）が記載されている。御野国戸籍は戸主との血縁者は氏姓の表記が省略されるので、この場合、阿比古志祁太売が二四歳の時に国造族某との間になした子ということになる。その時点で彼女の地位が妻だったのか、妾だったのかはわからないが、夫である国造族某と別れた後、神直族安麻呂の妾に収まったものである。

また、豊後国某郡某里戸籍にみえる川内漢部等与《かわちのあやべとよ》の戸の事例であるが、戸主等与（五三歳）には妻として榎本 連 富良売《えのもとのむらじほらめ》（三八歳）と妾の阿曇部法提売《あずみべののりてめ》（二二歳）がいた。妻との間には嫡子羊《ひつじ》（一九歳）・嫡女乎夜売《およめ》（二三歳）・己母理売《こもりめ》（一七歳）・泥売《ねめ》（五歳）がいるのだが、先妾男として佐米《さめ》（三四歳）がみられる。この場合、先妾とあることから、現在の妾は二人目以降であることがうかがえるが、先妾男の佐米が三四歳であることに注意したい。つまり、彼は戸主等与が二五歳の時に先妾との間に生まれた子ということになる。現在の妻との間では、等与が三六歳、妻が一五歳の時に、第一子である嫡女乎夜売が生まれたことになるので、先に妾とされる女性との間に子をなし、その後に妻とされる女性との間に子が生まれたことになる。しかし、妻より先に妾が存在するというのはおかしな話であろう。古代の戸籍において、妾のみを同籍して妻を同籍しない事例はない。そこで戸主等与と妻との関係を見直してみると、嫡女乎夜売をなした際に、等与が三六歳、妻が一五歳というのはあり得ない話ではないが、半布里の事例を勘案するならばこの年齢差の夫婦は再婚と考えるべきであろう。戸主等与には先妾だけではなく、先妻も存在した可能性が高い。

おそらく、現在の妻は後妻なのであり、先妻との間には子が生まれなかったか、すでに死亡しているのであろう。そして現在の妾も二人目とは断定できないが、二番目以降の妾であった。生き延びた男性である等与を軸に少なくとも四人の女性が婚姻を通じた連鎖を構成していたわけで、頻繁な対偶関係の再構築が行われていたことになるだろう。

世帯再構成の背景

このように古代の戸籍からは、妻だけでなく、妾もふくめた世帯の再構成が頻繁に発生していたことが想定できるのだが、この背景はどのように考えるべきであろうか。

この点に関しては、まず、当時の婚姻形態が考えられるかもしれない。これまでの理解によると、古代の婚姻は男女の通いから開始され、気の向く間だけ通いが継続する不安定なものであったとされている。これは日本の古代社会が、近世や近代に明確になる家父長を中心とする家制度が未成立の段階にあることを強調する議論であり、その点で誤りではないのだが、いろいろと考えねばならない点もある。

例えば、男女双方が相手を訪ねる通いの段階で、その関係が不安定なのは想定しうるだろう。今でも結婚前の男女の関係は不安定である。そうした男女のどの程度が気の向くままの通いを継続していたのか、同居が選択される場合、どのような規制や原理が働いていたのか、同居した男女の対偶関係がどの程度不安定なものであったのか、これらの点はまったく明らかではない。そのため、この高い再婚率を古代の婚姻形態の不安定性だけで説明することはできないだろう。

むしろ、先に述べたような平均余命の短さから考えて、こうした男女間の恋愛・性愛関係にもとづく対偶関係の解消だけではなく、現実に対偶関係にあるものの死別も多くあったことが考えられる。古代の婚姻関係は、互いの気の向いた間だけ継続されるだけではなく、現実の生存条件に規定されてかなり不安定なものであったことを想定する必要がある。

婚姻の二重構造

以上のように、古代において世帯の再構築が行われていたのだが、注意したいのは、同じ男性の場合でも世帯を頻繁に再構成していたのは戸主とされる成人男性であり、戸主世帯と非戸主世帯では再婚のあり方が異なっていたことで、婚姻関係にある男女の平均年齢差を戸主と非戸主とで比較すると、この現象は戸主層において特に顕著である。非戸主層でも年齢が高くなるにしたがって、妻との平均年齢差は開く傾向にあるが、戸主層ほど顕著ではない。つまり、男性であれば誰でもが再婚可能なのではなく、それは特定の男性、戸主層を中心としていたわけで、婚姻の構造は二重構造になっていた。

考古学の研究成果では、弥生時代以来、埋葬原理はキョウダイ原理が優勢であるが、古墳時代後期以降、初葬者を男性とするような父系直系の原理が見いだせるようになるという。古墳時代後期はおおよそ六世紀に相当するが、この頃より親族組織も変化しはじめたらしい。おそらく婚姻の二重構造もそれに対応するのだろう。双系的原理のなかに男性を軸とする父系的原理があらわれるようになるのである。

六世紀の倭国は、百済《くだら》を支援するために朝鮮半島に積極的な軍事介入を行い、百済からは儒教や仏教といった新たなイデオロギーがもたらされ、王権が再定義されることになる。このプロセスを通じて、国造の軍事動員は地域社会に大きな影響を及ぼしたと考えられる。

なぜなら古代において動員される兵士はいずれも男性であった。王権と結びついた男性兵士に、特別な社会的意味が付与されるようになるのである。列島社会はこの時期に頂点から末端にいたるまでの文明史的な構造転換を迎えるのであった。

古代の恋愛と婚姻

ツマドヒとヨバヒ

古代の日本語

以上は戸籍で確認できる男女のあり方なのだが、それをふまえた上で、当時の婚姻の実態について考えてみよう。よく知られるように、日本古代の婚姻に関連する言葉として、ヨバヒ、ツマドヒ、カヨヒ・カヨフなどの言葉がある。

このうちツマドヒは『広辞苑』では、妻問いとして立項されており、男が女を訪れて求婚することとされ、また、夫が妻の家を訪れるだけで、同居しない婚姻様式が妻問婚として立項されている。こうした男性が女性の許を訪れ、同居しない婚姻のあり方、夜、相手の寝所に忍び込んで結ばれるという性愛のイメージは巷間に流布しているのだが、はたして実際はどうだろうか。これまでの古代家族史研究の出発点になる論点だけに、確認しておこう。

まず、『広辞苑』が「妻問」という漢字表記をあてているのは、『万葉集』などにみられるものなのだが、ツマドヒは『万葉集』には大伴家持《おおとものやかもち》が七月七日に天の川を詠んだ歌、「安《やす》の川《かわ》　い向《むか》ひ立《た》ちて　年《とし》の恋《こい》　日長《けなが》き児《こ》らが　都麻度比《つまどひ》の夜《よ》ぞ」がのこされているように（四一二七）、「都麻度比」または「都摩杼比之物」（『古事記』下、雄略段）などと仮名表記され、その音が確かめられる。

まどろっこしく感じるかもしれないが、この古代の音（オン）を確認するという作業は大切で、ここからはじめねばならない。というのも日本列島に生活する倭人は、音声言語が主流の世界で暮らしていたのだが、漢字が伝来することで、自分たちの音声を漢字で表現するようになる。しかし、漢字の意味などは二の次で、自分たちの発する音を漢字の音にあてててゆくのである。音仮名というが、一音に一文字をあてて表現するようになる。「夜露死苦《ヨロシク》」のようにである。

上代特殊仮名遣い

こうした表現方法を上代特殊仮名遣いというが、特定の事象の音を表現する際には、この漢字群が使われるという法則が明らかにされている。この法則を発見したのは、偉大な国語学上の成果であり、日本文化史研究の揺るぎない基礎となっている。現代日本語は五〇音に単純化されているが、古代の日本語の発音はより複雑であり、キヒミケヘメコソトノモヨロの一三音と濁音ギビゲベゴゾドの合計二〇音に甲類と乙類の区別があった。

例えば、古代では雑穀の黍《きび》は、『万葉集』の原文の表記は「成棗　寸三二粟嗣　延田葛乃　後毛将相跡　葵花咲（梨棗《なしなつめ》　黍《きみ》に粟《あわ》嗣《つ》ぎ　延《は》ふ葛《くず》の　後《のち》にも逢《あ》はむと　葵花咲《あおいはなさ》く）」（三八三四）として詠まれているが、原文にあるように黍は「寸三（キミ）」と表現されていた。上代特殊仮名遣いの崩れがみえる『和名類聚抄《わみょうるいじゅしょう》』の段階では、「黄黍—岐比」とあるが、この他の例では、正倉院文書続々修四四帙六紙裏に「伎美」、同じく続々修一八帙四紙裏の安都雄足牒に「岐美」としてみえる。これらは、いずれも一貫してキミと発音された。これがなぜキビになるかというと、サミシイ＝サビシイ（淋しい）、サムイ＝サブイ（寒い）、キミがわるい＝キビがわるい（気味が悪い）などと同様に、kimiの子音mがbに交替してkibiとなり、キビと発音されるようになったものである。古代に確認できる雑穀の黍の発音は本来、キミであった。

では、地名のキビはどうか。まず『日本書紀』・『古事記』には「吉備」とみえ、七世紀末の一次史料にも「吉備道中国」とあるように、「吉備」と表現されていた。このほかに、『古事記』仁徳段に仁徳天皇が吉備海部直《きびのあまのあたえ》の女、黒日売《くろひめ》を詠んだ歌は原文で「夜麻賀多邇麻祁流阿袁那母　岐備比登登　等母邇斯都米婆　多怒斯久母阿流迦（山県《やまがた》に　蒔《ま》ける菘菜《あおな》も　吉備人《きびひと》と　共《とも》にし摘《つ》めば　楽《たの》しくもあるか）」とあり、この場合は「岐備」と表現されているが、地名のキビは、古代では一貫して「吉備」・「岐備」であり、ビは「備」によって表現されていた。

このように、少なくとも七世紀末から八世紀の同時代の仮名遣いを確認することが可能であるが、その音を比較してみると、雑穀の黍に使われた「美」・「三」はいずれもミ甲類の音であるのに対し、地名のキビに使われた「備」はビ乙類の音である。音が異なれば、その表現するものは異なるということになる。すなわち、黍と吉備の音は同じではなかったのであり、地名のキビは黍と無関係ということになる。キビ＝黍＝吉備説はあくまでも俗説にすぎないのである。

ツマである男と女

以上の点をふまえてツマドヒを検討してみよう。まず、ツマドヒという語は、ツマとトフに分解されるのだが、さしあたり、古代におけるツマの意味について確認しておこう。現在と同様に、結婚している男女において、ツマが女性を指す事例は多くあるが、古代ではツマは男性に対しても使われた。

例えば、『万葉集』に収める主帳丁《しゆちようちよう》である若倭部《わかやまとべの》身麻呂《みまろ》の歌、「わが妻《つま》は　いたく恋《こ》ひらし　飲《の》む水《みず》に　影《かげ》さへ見《み》えて　世《よ》に忘《わす》られず」（四三二二）ではツマは妻（女性）となるが、同じく、『万葉集』（八七一）の「遠《とお》つ人《ひと》　松浦佐用比売《まつらさよひめ》　ツマ恋《ごい》に　領巾《ひれ》振《ふ》りしより　負《お》へる山《やま》の名《な》」という歌は、女性である松浦佐用比売がツマ（夫）を恋い慕って領巾を振っていることを詠んだもので、この場合のツマは男性である。

　また『万葉集』におさめる次の歌は、倭大后が天智天皇を詠んだ歌であるが、「いさなとり　近江《おうみ》の海《うみ》を　沖離《おきさ》けて　漕《こ》ぎ来《く》る船《ふね》　辺《へ》つきて　漕ぎ来る船　沖《おき》つ櫂《かい》　いたくなはねそ　辺《へ》つ櫂《かい》　いたくなはねそ　若草《わかくさ》の　嬬《つま》の　思《おも》ふ鳥立《とりた》つ」とあり（一五三）、この場合、天智天皇がツマと表現されている。

　さらに、『古事記』上には大己貴《おおなむち》（大国主《おおくにぬし》・八千矛《やちほこ》など）の神話が伝えられるが、北陸地方にあたる高志《こし》国の沼河比売《ぬなかわひめ》に求婚した八千矛に嫉妬する須勢理毘売《すせりびめ》命が、「八千矛の神の巫女《みこ》とや　吾《あ》が大国主　汝《な》こそは　男《お》に坐《いま》せば　打《う》ち廻《み》る　島《しま》の崎々《さきざき》　掻《か》き廻《み》る　磯《いそ》の崎落《さきお》ちず　若草《わかくさ》の　妻持《つまも》たせらめ　吾《あ》はもよ　女《め》にしあれば　汝《な》を除《き》て、男《お》はなし、汝《な》を除《き》て、夫《つま》はなし（略）」と詠む。これは須勢理毘売が八千矛、すなわち大国主を詠んだものであり、この場合のツマは明らかに男性である大国主を指す。

　古代ではツマという語は、現在のように女性（妻）のみを指す言葉ではなかった。こうしたツマについて、国語学者の栃尾有紀は「継続的に行き来がある、あるいは一対の男女として安定した関係にある（あった）と目されるものを指す言葉」と指摘する（栃尾有紀「万葉語「〜ヅマ」について」）。

次にツマドヒのトフについてであるが、これまで訪れるの意味で理解するのが一般的であった。しかしこれも語義から考えてみる必要がある。

トフとは話すこと

ツマドヒについて検証した寺田恵子の研究によれば、『万葉集』では「ト」の音価は一定しないが、『古事記』の場合「トフ」は「ト（甲類）フ」と「ト（乙類）フ」に分類され、「ト（甲類）フ」は「斗比多麻閇（トヒタマヘ）」などの質問の意味だが、「ト（乙類）フ」は、垂仁天皇の皇子ホムチワケが「阿藝登比（アギトヒ）」すというように、話す・ものを言うの意であり、ツマドヒの場合は、この「ト（乙類）」に相当するという（寺田恵子「上代の「トフ」と「トフ」に付く助詞をめぐって」）。

ホムチワケの物語は『古事記』垂仁段にみえ、垂仁天皇の后サホヒメは、兄であるサホヒコが滅亡する際、燃え盛る稲城《いなき》のなかで皇子を出産し、皇子はホムチワケと命名されるが、彼は、長じても言葉を発することがなかった。ある日のこと、皇子は、高く飛び行く鵠《くぐい》（白鳥）の音を聞いて初めて言葉を話した。それが「阿藝登比」であり、「登」はト乙類の音仮名である。栗原弘は、この寺田の研究をうけて、ツマドヒを「すでに性関係のある相手（ツマ）に口をきく行為」であったと指摘する（栗原弘『万葉時代婚姻の研究』）。もっとも話す・ものを言うためには相手があるわけで、トフに相手の許に行く意味がまったくないとは言い難いが、その意味は希薄であったろう。ツマドヒとは女性の許を男性が訪れることを意味するのではないのである。この指摘はきわめて重要だ。

ツマドヒの情景

　ツマドヒは『万葉集』の歌題として多く取り上げられており、これまでのツマドヒ解釈はそこから導かれてきた。例えば、「わが岡《おか》に　さ雄鹿《おしか》来鳴《きな》く　初萩《はつはぎ》の　花妻問《はなつまと》に　来鳴《きな》くさ雄鹿《おしか》」（一五四一）、「秋萩《あきはぎ》の　咲《さ》きたる野辺《のへ》は　さ男鹿《おしか》ぞ　露《つゆ》をわけつつ　妻問《つまとい》しける」（二一五三）などは、雄鹿を男性に見立てたものであり、秋の繁殖期に雌鹿を求めて甲高い声で鳴く鹿が詠まれたものである。『万葉集』の世界では、「秋萩《あきはぎ》を妻《つま》どふ鹿《しか》こそ」（一七九〇）の表現があるように、萩は鹿のツマに見立てられるのだが、これらの歌は、萩の花をツマとして訪ね来て鳴く雄鹿と解されることが一般的であろう。しかし、この場合でも雄鹿の鳴き声はツマである萩との話を表現しているのであり、そのさまがツマドヒであると解すことも可能である。

　後者の歌には雄鹿が鳴くさまがみえないが、『万葉集』では、雄鹿の鳴き声はよくある歌題であり、さ雄鹿とあれば雌鹿を求めて鳴くものと了解されていた。この場合も露にぬれた秋萩の咲く野辺で雄鹿が鳴くとは、野辺でのツマとの会話を示すのであり、こうしたツマとのやりとりがツマドヒに喩《たと》えられたのだろう。

秋の繁殖期の鹿の鳴声は独特のものであり、鹿が性的イメージを喚起した可能性も指摘されている。そうした鹿の鳴き声を聞く大王儀礼のあったとの指摘もあるが、その説は『日本書紀』仁徳三十八年七月条に天皇と皇后がともに高台に登り鹿の鳴き声を聞いていたこと、同じく垂仁五年条には天皇が高宮にて皇后の膝枕で昼寝をしているさまが描かれていること、雄略即位前紀の三年八月条に安康《あんこう》天皇が沐浴《もくよく》しようと「山宮」に行幸し、「楼」に登り、酒宴を開き「情盤楽極（みこころとけたのしびきはま）」りて、皇后と「言談（みものがたり）」をするエピソードがみえることを根拠としている。

鹿の鳴き声を聞く大王儀礼なるものは、後世には確認できないので、それが実際にあったかどうかについては、判断を留保するが、この安康天皇のエピソードは興味深い。現代風にいうならば、夫婦で温泉にでも行って、のんびりと美味しいものをたべて、楽しいひとときを過ごしたというものだろう。この部分について、『日本書紀』の原文では、「爾乃情盤楽極、間以言談」とあるのだが、前田家本・宮内庁本の古訓では「間」を「まじふるに」と読ませている。こうした古訓は平安時代には定まったと考えられているが、これを交えるとして訓じているのは、交接がイメージされている可能性もあるだろう。このエピソードこそが、まさにツマドヒの情景なのである。

ちなみに、安康天皇は皇后とのツマドヒの中で、自分が殺した大草香皇子《おおくさかのみこ》の子眉輪王《まよわおう》を怖れていることを話すのだが、それを高殿の下で遊んでいた眉輪王がすべて聞いてしまうのである。安康天皇は皇后の膝枕でうたた寝し、その後、眠り込んでしまうのだが、眉輪王は機先を制して、安康天皇を暗殺してしまうのであった。

伝説の美女のツマドヒ

もう一つツマドヒの情景を喚起させる例を紹介しよう。『万葉集』におさめられている有名な下総国葛飾郡の真間娘子《ままのおとめ》の墓を過ぎる際に山部赤人《やまべのあかひと》が詠んだ歌に「古《いにしえ》に　在《あ》りけむ人の　倭文幡《しずはた》の　帯解《おびと》きかへて　廬屋《いおや》立て　妻問《つまとい》しけむ　葛飾《かつしか》の　真間《まま》の手児名《てこな》が　奥《おく》つ城《き》を　こことは聞《き》けど　真木《まき》の葉《は》や　茂《しげ》りたるらむ　松《まつ》が根《ね》や　遠《とお》く久《ひさ》しき　言《こと》のみも　名《な》のみもわれは　忘《わす》らゆましじ」とある（四三一）。

真間の手児名は、『万葉集』巻九の挽歌《ばんか》にも長歌と反歌（一八〇七・一八〇九）が収められており、その美貌に惹かれて言い寄る男性を斥け、世を儚んで入水自殺したとされる伝説の女性である。真間という地名は現在も千葉県市川市に遺る。同じ葛飾郡であるが大島郷とは、江戸川（旧利根川）を挟んで対岸に位置する。

山部赤人は古の伝説の女性である手児名を偲《しの》んでこの歌を詠むのだが、このツマドヒを女性の許を訪れて求婚したと解釈しては意味が通じない。廬屋とは粗末な小屋のことだが、それを建ててツマドヒするのである。ここで描かれているのは、倭文織の帯を解きかわした粗末な小屋（廬屋・伏屋《ふせや》）でツマドヒすることであり、こうした廬屋でツマと口をきくとは、共寝しての睦言《むつごと》であり、情交そのものと解すべきであろう。

　さらに、『万葉集』の六三一番から六四二番までは湯原王《ゆはらおう》と娘子《おとめ》との応答歌であるが、そのなかに、娘子が報答した「わが背子《せこ》が　形見《かたみ》の衣《ころも》　妻問《つまとい》に　わが身《み》は離《さ》けじ　言問《ことと》はずとも」（六三七）の歌がある。この応答のテーマは、旅に出た既婚の男性と、その男を慕う女性との間の歌のやりとりになっており、歌の内容は、愛おしい貴方の形見の衣を我が身から離しますまい、口をきくわけではありませんが、というものだが、ツマドヒとコトトヒが掛けられていることは明白である。コトトヒは口をきく、ものを言うの意だが、物言わぬ形見の衣を抱きしめて、思いをはせ、心を通わせるさまが浮かぶ。これなどもツマと話すことを意味するツマドヒの本義をよく表していよう。

　結局のところ、ツマドヒの本質的意味はツマとの睦言であり、そうしたツマとの情交を表現する言葉である。これまで想定されてきた男性が女性のもとを訪れることも、求婚することも、ツマドヒの前提となるものであり、関連するものではあるが、そこに核心があるわけではなかった。男女のツマは必ず、トフものなのであり、妻問婚なる概念は意味をなさないのである。

大国主命のヨバヒ

　求愛に関連する言葉がヨバヒ「用婆比」（『古事記』上）である。これも誤解の多いものなのだが、『広辞苑』では、求婚すること、言い寄ること、さらに夜這とあてることから、夜、恋人のもとへ忍んでゆくこと、相手の寝所へ忍び入ること、と説明されている。古くは『日葡辞書《にっぽじしょ》』にも立項されていて、同じ家中で、正妻ではない婦人にこっそりと近づくこと、とある。現在では「夜這」として、夜、恋人のもとへ忍んで行くこと、相手の寝所へ忍び入ること、のイメージが一般化しているが、これもはたしてどうだろうか。

まず『竹取物語』に、かぐや姫を求める男性が夜に姫の周辺をうろつくさまをさして、「さる時よりなむ、よばひとはいひける」との表現があり、この頃より、夜中に男性が女性のもとにゆくことがヨバヒとされるようになったと考えられるが、この語義は国語学的には明確で、元来は、動詞の「呼ぶ」が変化した語である。語らふ、移ろふ、住まふ、など同様に「呼ぶ」の未然形「呼ば」に継続・反復を示す「ふ」が付着することで「呼ばふ」となり、その名詞化したものが「呼ばひ」にほかならない。

先ほどの『日本書紀』雄略天皇即位前紀には、雄略天皇が市辺押磐皇子《いちのべおしいわのみこ》を射殺するくだりも伝わるが、市辺押磐皇子の従者が皇子の屍を抱えて「反側呼号、往還頭脚」したさまが描かれる。おそらく古訓では「反側《こいまろ》び呼《よば》ひ号《おら》び、頭脚《あとまくら》に往還《かよ》ふ」と読むもので、この場合、ヨバヒは大声で呼びつづけることを意味する。

このようにヨバヒの本義は、あくまでも呼ぶことであり、男女の間について言えば、声をもって相手を誘うことである。栗原弘はヨバヒを「過去に性関係があるなしにかかわらず、男性が女性の許へセックスを求めていく行為」とする。

そうしたヨバヒの情景を表現したものに、先にみた『古事記』上の八千矛（大国主）が高志国の沼河比売にヨバヒした時の歌がある。八千矛の神は、大八州国にツマを娶ることができず、遠い高志国に賢い女がいるとお聞きになり、「用婆比」に立ち、「用婆比」に通い、大刀の緒も解かず、着ている襲《おすひ》も脱がずして、嬢子の寝ている建物の板戸を押し揺さぶって、沼河比売を求めたというものだが、板戸を揺さぶりながら、沼河比売の名を呼びつづける八千矛の姿が思い浮かぶ。

結局、名を呼びつづけるが、青山《あおやま》の鳥どもが鳴き騒ぎ、夜が明けてしまう。ああ、忌ま忌ましい鳥どもめ、みな打ち殺してしまえ、と歌いかけたところ、沼河比売は「青山に日《ひ》が隠《かく》らば　ぬばたまの　夜《よる》は出《い》でなむ」と返答し、翌日の夜に八千矛の神の求愛を受け止めている。これがヨバヒである。

そして、ヨバヒによる求愛に対応するのが、名告《なの》りであった。ヨバヒと名告りはセットなのである。

名告りと呪力

これも有名な歌だが、『万葉集』の山部赤人による「みさご居《い》る　磯《いそ》みに生《お》ふる　なのりその　名《な》は告《の》らしてよ　親《おや》は知《し》るとも」（三六二）という歌は、みさごが住む磯辺に生える「なのりそ」ではないが、その名を教えておくれ、親に知られようとも、というもので、女性が自らの名を明かすことは求愛を受け止めることを意味した。「なのりそ」は、磯に生えるホンダワラの古名だが、同音をかさねて「名告る」にかかる序詞として使われた。

また「志賀《しか》の海人《あま》の　磯《いそ》に刈り乾《かほ》す　なのりその　名《な》は告《の》りてしを　なにか逢《あ》ひ難《がた》き」（三一七七）は、男性からの働きかけがあって、せっかく名を告げたのに逢えないのはなぜか、と嘆く歌である。これなどは「なのりそ」を入れたいがための恋の歌なのだが、ホンダワラに引きずられて、古代の恋の歌には磯の風味がするのが特徴だ。

このほかに名告ることで、求愛を受諾した歌としては、同じく『万葉集』の「隼人《はやひと》の名《な》に負《お》ふ夜声《よこえ》　いちしろく　我《わ》が名《な》は告《の》りつ　妻《つま》と頼《たの》ませ」（二四九七）がある。この歌は、隼人のかの有名な夜声のように、はっきりと私の名は申しました、妻と思って信頼して下さい、というもので、名告ることは愛を受け入れ、妻となることにもつながった。

隼人《はやと》は九州南部地域に居住した人々の称だが、律令制下には、その一部を山背《やましろ》など畿内に移住させて、衛門府《えもんふ》の被官である隼人司《はやとのつかさ》が管理した。そうした隼人は、毎年の元日に行われる朝賀《ちょうが》や天皇の即位にともなう践祚大嘗祭《せんそだいじょうさい》をはじめとする朝廷の儀式に参加し、そこで歌舞を披露するのだが、その際に吠声を発することとされていた。この他に隼人は、天皇の行幸にも付き従い、行列が国境を越えるとき、また山や川などと道路が交差する地点を越えるとき、さらに行列が宿営地に到着した際に吠声を発することが決められていた（『延喜式』隼人司）。隼人の夜声とはこのような吠声のことであろう。

隼人の吠声が具体的にどのようなものであったかはわからないが、おそらく、明瞭で大きなものであるとともに、呪術的な意味をもっていた可能性が高い。境界を越える際に吠声を出させるのは、邪を払う意味があったと考えられるからだ。宿営地に到着しての吠え声もその地を鎮める意味をもったであろう。隼人の吠え声には呪力があったのだ。この場合、「妻と頼ませ」とあるように、男女の間が信頼により結ばれる一定の安定性が想定できるが、古代では愛とともに呪力がそこに作用していたのかもしれない。古代の愛はいささか重たいようだ。

通いと住まい

通いと結婚

こうして男女の愛が芽生えるのだが、すでに述べたように、養老令には婚姻についての規定があり、男性は一五歳、女性は一三歳からの結婚が認められていた（戸令聴婚嫁条）。そして婚姻は、通うことからはじまった。

戸令結婚条によると、結婚が已《すで》に定まって、故《ゆえ》なくして三ヵ月成らざる場合、または逃亡して一ヵ月還らない場合、さらに外蕃《がいばん》に没落した場合や拘禁して強制的に労役に服させる徒罪《ずざい》以上を犯した場合、女家が婚約と婚姻を解消し改嫁《かいか》できる規定がある。外蕃は日本からみたら唐や新羅などの外国で、そこに流れ着いたり、身体拘束をうけるのが没落で、犯罪を犯して徒罪・流罪・死罪に処せられる場合に婚姻が解消できた。

この条文の故なくして三月ならざるの意味として、古代の法律家である明法家《みょうぼうか》たちは、例えば、令集解《りょうのしゅうげ》が引用する大宝令《たいほうりょう》の注釈である古記には、男性が特別な理由がなく来なくなった場合とし、官選の注釈書である令義解《りょうのぎげ》は、夫婦が同じ里にありながら相往来せざる場合とする。令集解に引用される注釈の一つである令釈《りょうしゃく》説では同里の男女が相住まざる場合とし、同じく跡《あと》説では同里にありながら相通わざる状況をさすと考える。これらはいずれも明法家による条文解釈なのだが、男性が女性の許に通わない場合、男女が同居しない場合、男女の間に往来がない場合が問題とされている。

双系制説に依拠した女性史研究では男女のあり方の対称性を強調するため、男女相互の往来といった解釈が導かれてきたのだが、はたしてどうだろう。こうした往来、すなわち当時の通いの内実が問題である。

通う男

恋愛は歌題になりやすいものであるため、『万葉集』には通いを題材とする歌は多くある。比喩もあるため正確な数はわからないが、通う主体を明示したものだけでも二〇首以上はある。実は、そのほぼすべてが女性のもとに男性が通うものである。

例えば、「妹《いも》らがり　我《わ》が行く道の　篠《しの》すすき　我《われ》し通《かよ》はば　なびけ篠原《しのはら》」（一一二一）という歌は、愛する人の許へ行く際には通りやすく靡《なび》くのだ篠原よ、というもので、通いの情景を詠んだものだが、イモとあるように、これは明らかに男性の歌である。イモは男性が女性を親しんで使う言葉だ。

なかには、「思《おも》ひつつ　居《お》れば苦《くる》しも　ぬばたまの　夜《よる》に至《いた》らば　我《わ》れこそゆかめ」（二九三一）というように、思いつづけていると、大変苦しい、夜になったら私から行こう、という女性の歌もあるが、これは男性が女性の許に通わないため苦しいのであり、いっそのこと私から行きたいという思いを表現したものである。

また「紅《くれない》の　裾引《すそひ》く道を　中に置きて　我《わ》れや通はむ　君《きみ》か来《き》まさむ」（二六五五）も、紅の裾を引いて通る道を中にして、私が通いましょうか、貴方が来て下さいますか、という歌で、これも女性による歌だが、この場合も男性が通うことが前提になっている。女性が「能《よ》き壮《おとこ》を覓《ま》がむとして行《ゆ》く」例もあるが（『日本霊異記』上二）、これは男を探し求めに行く話であって、通いの例とはみなしがたい。もとよりこれらは文学上の芸術表現であり、これが社会的実態を正確に反映するものでないだろうことは注意しなければならない。そのため断定的な判断を下すのは避けたいが、女性が男性の許に通う例がないか、あったとしても少ないことは事実であったろう。

古代の庶民の世界では当人の感情や意思が、恋愛にとってもっとも大切な要素であったと考えられるが、その表現の仕方には性差があり、男性と女性がまったく同じ行動をするわけではなかった。婚姻をめぐる男女の往来は相互的なものではなかったのである。

愛を交わしてから、同居にいたるまでには通う段階があるのであり、愛し合った男女すべてが同居するわけではなかった。もちろん三月の間、通わない不実な男もいた。

通わない男

例えば、「我《わ》が命《いのち》は　惜《お》しくもあらず　さにつらふ　君《きみ》によりてそ　長《なが》くほりせし」(三八一三)は、私の命などは惜しくもありませんが、麗しい君ゆえに長く生きたいと願ったのです、というものだが、これには注があり、この歌の作者の女性は、夫が長い年月をへても通わなかったため、心を痛め重い病に沈む。そこで使いを遣り、夫を呼び寄せたのだが、この歌を読んだ後、たちまちにして亡くなったとある。

こうした通わない夫への恨みは、『大和物語』をはじめとする平安期の文学にもみえるところであり、なかには同居にいたらない男女もあったが、女からは怨念に満ちた歌が投げつけられるのであった。

半布里の故地

ところで、こうした通う範囲は、平たく言えば通婚圏ということになるのだが、これは具体的にどのように考えられるだろう。

半布里《はにゅう》戸籍には多少のヒントになるものがある。まず半布里の故地についてだが、半布里が属する美濃《みの》国賀茂《かも》郡は、現在の木曽川と飛騨川の流域を中心に広がる郡で、現在の美濃加茂市・白川町・東白川村・八百津《やおつ》町・川辺町・坂祝《さかほぎ》町・富加《とみか》町などが含まれる。図17

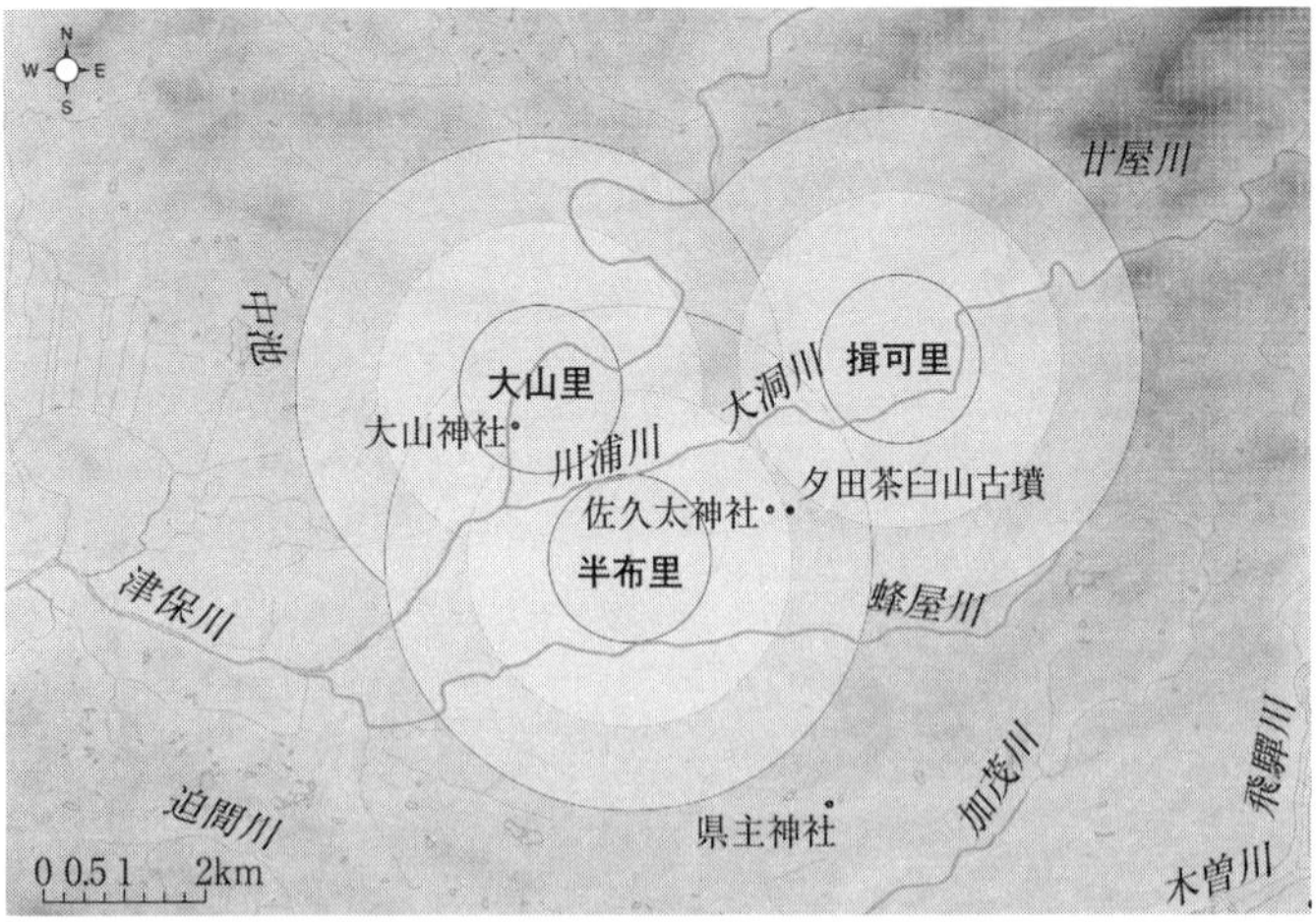

図17　半布里

に示すように、半布里は現在の富加町羽生《はにゅう》を中心として編成された五十戸である。

富加町は賀茂郡の西端に位置し、東を美濃加茂市と西を関市に接し、長良川《ながらがわ》流域に属する津保川《つぼがわ》を北境として川浦川の流域と蜂屋川の流域から構成される。川浦川・蜂屋川は西流して、富加町の西部で津保川に合流し、津保川は長良川へと注いでいる。この地域は、木曽川右岸の中位段丘上に位置するのだが、美濃太田との中間に分水界があり、半布里は他の賀茂郡の地域とは異なり長良川水系に属している。北と東を山に隔てられた小盆地状の段丘が広がっているが、南には、加茂野町の台地が各務原《かがみがはら》方面へと広がり、西は、小さな山塊に画されるが関市から岐阜市にかけて開けている。

景観は大きく西と南に開けているので、盆地という感覚はない。

　富加町域のなかでも川浦川の右岸、町域北部に所在する大山地区、井深地区はいずれも武儀《むぎ》郡大山《おおやま》郷と揖可《いぶか》郷の中心と考えられており、水系、景観の点からみても半布里が武儀郡に属していてもなんら不思議はない。川浦川以南が半布里に編成されたと考えられるが、川浦川の右岸と左岸もおそらく一体的な世界を形成していた可能性は高いだろう。

　なお現在、富加町域では四七基の古墳が確認されているが、夕田《ゆうだ》地区に全長四〇㍍の初期の前方後円墳である夕田茶臼山古墳が存在する。他の地区に前方後円墳は存在しない。そして、夕田茶臼山古墳と谷を挟んだ位置に『延喜式《えんぎしき》』神名帳《じんみょうちょう》に搭載された佐久太《さくた》神社が存在する。

　集落遺跡は、条里痕跡の残る段丘より一段低い段丘面に確認される。おおよそ富加町役場周辺の東山浦遺跡・半布里遺跡から富加小学校にかけて住居跡が認められ、東山浦遺跡では富加町役場の庁舎建設にともなう発掘調査で三一軒の竪穴住居址、二軒の掘立柱建物址、その他ピット状遺構・溝状遺構が発見された。七世紀中葉から八世紀後半の重層的な遺構が検出されており、ちょうど大宝二年（七〇二）当時に存在した建物も含まれることになる。すこし時期はずれそうだが、「里刀自《さととじ》」と書かれた墨書土器も出土している。

半布里戸籍にみる婚姻

半布里はこのような地理的景観にあったのだが、ここで注目したいのは保《ほ》の構成である。御野国加毛郡半布里戸籍は冒頭部分が欠落しており、現存戸籍の最初に記載された戸に保の記述はないが、二番目の戸に保の記載がある。それゆえ、冒頭四戸分が欠落しているのだが、そうした保の構成を示したのが表4である。

唐では四家を隣、五家を保とするものをまねて創出した制度だが、日本では四家の規定はなく、五家を保として相互に検察させることとしていた。保は戸令戸逃走条には、ある戸が逃走した場合、その戸が属する保には追訪の義務が課せられており、逃亡した戸の田を耕作し、逃走した戸の租調を代輸《だいゆ》すること、喪葬令身喪戸絶条に規定するところでは、五保は財産の管理にも機能することが期待されていた。もとより、こうした保が実際にどの程度機能していたかはわからないのだが、五保が租税の納入に機能していたことは、伊《い》場《ば》遺跡出土木簡や平城宮出土木簡などにもみえている。保が期待されている機能を考慮するならば、保は地縁的に編成されざるをえないだろう。

そこで、半布里戸籍全体を見渡した場合、冒頭第一保から第四保までが県造《あがたのみやつこ》・県《あがた》主族《ぬしのやから》を中心としたグループ（現存部三五六人）、第五保から第一〇保までが秦人《はたひと》を中心としたグループが構成しており（五八九人）、残る第一一保は県造・県主族・敢臣族《あえのおみのやから》・秦人・不破勝族《ふわのすぐりのやから》で構成されている（一七四人）。第三に分類したグループ第一一保は、その多様な構成を考えると一つのグループになるのか疑わしいところもあるが、半布里戸籍を構成する二大集団が県主族と秦人の集団であったことは間違いないだろう。

表4　半布里戸籍の保の構成

戸番	保	戸主
1	1	石部三田
2	2	県主族嶋手
3		物部宇麻
4		県主族都野
5		県主族安麻呂
6		県主族牛麻呂
7	3	県主族安麻呂
8		県主族津真利
9		県造吉事
10		県造荒嶋
11		県主万得
12	4	神人辛人
13		県主族比都自
14		県主族安麻呂
15		県主族与津
16		守部加佐布
17	5	秦人弥蘇
18		秦人小玉
19		秦人部身津
20		秦人古都
21		秦人身麻呂
22	6	県主族安多
23		穂積部安倍
24		神人枚夫
25		神人波手
26		生部津野麻呂
27	7	秦人黒当
28		秦人多都
29		秦人部都弥
30		秦人多麻
31		秦人久比
32	8	県主族母呂
33		県主族安倍
34		神人小人
35		県主族長安
36		秦人都弥
37	9	秦人石寸
38		秦人甲
39		秦人止也比
40		秦人山
41		秦人小咋
42	10	秦人都々弥
43		秦人堅石
44		不破勝族金麻呂
45		秦人安麻呂
46		秦人和爾
47	11	県主族身津
48		県主族稲寸
49		敢臣族岸臣目太
50		県造紫
51		県主古麻呂
52		秦人桑手
53		秦人阿波
54		不破勝族吉麻呂

表5　半布里対偶男女氏姓

夫―妻		妻―夫	
守部-工部	1	阿刀部-県主族	2
守部-物部	1	敢臣族岸臣-石部	1
勝-牟義津	1	五百木部-県主族	1
神人-神人	3	工部-守部	1
神人-牟下津	1	若桜部-県主族	1
神人-県主族	2	守部-石部	1
秦人-勝族	1	勝族-秦人	1
秦人-神人	1	神人-神人	3
秦人-秦人	46	神人-秦人	1
秦人-生部	1	神人-県主族	1
秦人-不破勝	1	秦人-秦人	46
秦人部-秦人	3	秦人-秦人部	3
秦人部-不破勝	1	秦人-生部	1
秦人-物部	1	秦人-不破勝	4
秦人-県主族	1	秦人-県主	1
生部-秦人	1	秦人-県主族	2
石上部-県主族	1	秦人-県造	1
石部-敢臣族岸臣	1	生部-秦人	1
石部-守部	1	生部-県主族	1
田原部-石上部	1	石上部-田原部	1
不破勝-秦人	4	石部-牟下津部	1
牟下津部-石部	1	石部-県主	1
牟下津部-物部	1	蘇宜部-県主族	1
県主-秦人	1	大伴部-県主族	1
県主-石部	1	白髪部-県主族	1
県主族-阿刀部	2	尾治戸-県主族	1
県主族-五百木部	1	不破勝-秦人	1
県主族-若桜部	1	不破勝-秦人部	1
県主族-神人	1	物部-守部	1
県主族-秦人	2	物部-秦人	1
県主族-生部	1	物部-牟下津部	1
県主族-蘇宜部	1	物部-県主族	2
県主族-大伴部	1	牟下津-神人	1
県主族-白髪部	1	牟下津造-県造	1
県主族-尾治戸	1	牟下津-県主族	4
県主族-物部	2	牟下都-県主	1
県主族-牟下津	4	牟義津-勝	1
県主族-牟義津	1	牟義津-県主族	1
県主族-県主	1	牟義部-県造	1
県主族-県主族	21	県主族-神人	2
県主族-県造	1	県主族-秦人	1
県主-牟下都	1	県主族-石上部	1
県主-県主族	1	県主族-県主	1
県造-秦人	1	県主族-県主族	21
県造-牟下津造	1	県主-県主族	1
県造-牟義部	1	県造-県主族	1
県造-県造	3	県造-県造	3
	128		128

次に、半布里戸籍で妻や妾を同籍しているもの一二八例を拾い出し、その氏姓をまとめたのが表5である。当然、二大集団を構成する秦人と県主族が多いのだが、秦人の場合、秦人集団に属する男女の婚姻が多い。これに対して、県主族の場合、女性は県主族の男性と婚姻するのがほぼすべてであるが、県主族の男性の場合、同じ集団での婚姻率は五〇%程度に低下する。ちなみに、日本古代の氏姓は政治的なものであり、近親婚の忌避も存在

する。ただし、異母キョウダイの婚姻例がみられるように、外婚規範は明確ではないのだが、同一の氏姓の集団内の婚姻であってもこうした禁忌は維持されていたであろう。

　これらが半布里内の婚姻であるとするならば、通婚の範囲は半径にしてほんの数キロ程度の圏内におさまり、さほど広がらないことになる。この程度の範囲の空間が、当時の村や村々の生産や信仰の実態的範囲であったろう。なお、県主族の集団と秦人の集団では多少、地域との関わり方が異なるようだが、この地域の歴史を考える上で、この点は興味深い問題である。しかし、本書の範囲を超えるのでここでは立ち入らないでおこう。

大豪族の婚姻

　なお、この婚姻例のうち、妻にみえる氏姓では、工部《たくみべ》・蘇宜部《そがべ》・尾治《おわり》戸《べ》・牟下津造《むげつのみやつこ》は同じ氏姓をもつものが半布里内にみあたらない。阿刀《あと》部《べ》は二人みえるが、これも彼女たち以外には、半布里内にみあたらない。冒頭の四戸が欠けているので、そこに含まれていた可能性も考えられなくはないが、彼女たちは半布里で編まれた夫の戸籍に外から転入したものであることを示す。このうち、蘇宜部小津売《そがべのおつめ》は、県主族比都自《あがたぬしのやからひつじ》の妾としてみえるが、どこから転入したものかはわからない。もう一人の牟下津造川嶋売《むげつのみやつこかわしまめ》は県造吉事《あがたのみやつこよごと》の妻であるが、こちらは少し由来がたどれそうだ。

　牟下津造は、賀茂郡の西部に隣接するムギ（武芸）郡の郡名を冠する氏族の出身である。武儀郡は現在の関市などに広がる郡で、郡の中心となる役所の郡衙《ぐんが》（弥勒寺《みろくじ》遺跡）が長良川の屈曲部分で検出されている。それがムギ郡の津でもあった。半布里戸籍の中には牟下都君族、牟下津部、牟下津（牟義津）、牟義君族、牟義部などがみえるように、隣接するムギ郡の郡名にちなむものがみられる。

　こうしたムギを冠するものが入り交じることは当然のことなのだが、夫が県造であるのと同様に、妻の姓が造であることには注意しておきたい。造の姓は庶民のものではなく、大豪族に与えられた姓である。牟下津造は『古事記』に牟宜都君《むぎつのきみ》、『上宮記』に牟義都《むぎつの》国造《くにのみやつこ》とみえる大豪族につらなるものであろう。天平勝宝二年（七五〇）に美濃国が東大寺に献納する奴婢を買い求めた記録が残り、そこに武義郡揖可郷に武義造宮廬《むぎのみやつこみやいほ》を確認できる。宮廬は二二歳の奴一人を稲一〇〇〇束で売却している。揖可郷は現在の井深町が相当し、津保川をはさんで半布里の北側に位置する。中心部で測って直線にして五キロ程度の距離である。

　県造吉事の戸は、半布里で最上位の中下戸に区分され、戸口四四人、奴婢を一三人抱える大規模な戸であった。賀茂郡の中心部から半布里方面へとつづく、木曽川の河岸段丘右岸に、式内社である県主神社が存在するように、この地域には古くはミノのカモ県主が存在したが、半布里にみえる県造もそれに関連するのであろう。県造吉事は県主など古くからの伝統的豪族の末裔であった。古代では、ヤマトの大王などは吉備や日向などの遠距離の巨大勢力と婚姻関係を結ぶが、階級的差別婚が一般的である。社会的な地位と婚姻のあり方には相関があるのだが、それが半布里戸籍にもみられるのである。牟下津造川嶋売は、半布里の庶民には高嶺の花なのであった。

住まう

こうした男女の生活だが、従来は、古代では男性が女性の許を訪れる妻問婚なのだから、男女は同居しないとするイメージが根強い。しかし、妻問婚なる概念が成立しえないことはすでに述べたとおりである。

「住まう」という表現も居住を意味する「住む」の未然形に、継続を意味する「ふ」がついた言葉である。継続的に居住することを意味する。これまでにも指摘されていることなのだが、史料には男女が同居していることを示すものもみられるので、男性が女性の許を訪れる通いを経た後に同居へと移行したことが考えられる。

「忘《わす》らむて　野《の》行《ゆ》き山《やま》行《ゆ》き　我《われ》来《く》れど　我《わ》が父母《ちちはは》は　忘《わす》れせぬかも」（四三四四）という歌は、忘れようと思っても忘れられない父母のことを子が詠んだものだが、このように『万葉集』には父母が詠まれた歌も多くあり、母子＋夫が同居し生活をともにすることは、当然のことながら存在した。同居への移行のタイミングを史料により押さえることはできないが、父母を詠む歌の存在を考えるならば、子をなす頃には同居による安定的な居住が選択されたのであろう。

古代では地域社会の有力者は家長（いへきみ）とよばれ、その妻は家室（いへとじ）などと表現されるが、こうした階層では夫婦の同居は一般的であった。また庶民の階層でも陸奥国《むつのくに》戸口損益帳《ここうそんえきちょう》などには嫁出を示す史料は存在するので、すべてではないが、同居する者もあったと考えられる（『大日本古文書』一―三〇五～三〇八）。結ばれた男女が生涯別居を貫くのが支配的であったのではなかった。

なお、男女が同居する場合、どこに居住するかも問題である。論理的には、妻方居住・夫方居住・新処居住というように、あらゆる居住の仕方が存在したはずである。そうした場合の居住先が、夫の親と同居する夫方居住なのか、夫の親の近くに居住する新処居住なのかはもとよりわからないが、すでに述べたように、古代社会の人口構成を考えるならば、親の世代は早くに亡くなっているのが一般的である。二世帯で居住することは、ほとんどなかったはずである。

同葬される男女

さらに同居の存在については、別の方面からも支持される。考古学で注目された非血縁女性の同葬例が参考になるだろう。

考古学での人骨の分析にはめざましいものがあるが、埋葬パターンとして、複数の遺体を埋葬するに際し、キョウダイ関係を基軸に配偶者を含まない複数の人物が埋葬される基本モデルⅠ、初葬者を男性として第二世代の血縁者（男女）のみで構成される基本モデル

Ⅱ、基本モデルⅡに非血縁者の女性を加えた基本モデルⅢの三つの埋葬原理が存在し、古墳時代から奈良時代にかけて、畿内地域とその周辺でも基本的には基本モデルⅠのキョウダイ関係を軸とする双系制家族が一般的であったが、古墳時代後期には一部に父系直系家族もみられるようになることが指摘されている（田中良之『古墳時代親族構造の研究』）。

このうち同葬された非血縁者の女性が別居していたとは考えにくい。奈良時代の庶民階層の墓が検出されることはほとんどないため、今後の調査の進展と議論の深化がのぞまれるが、こうした古墳時代後期の同葬例が同居を反映するとするならば、それを歴史的前提として、奈良時代でも男女が同居する例も存在したはずである。生涯別居の妻問婚といったイメージは改められる必要があるだろう。

古代人の居住空間

当時の人々はどのような景観なり空間に生活していたのだろうか。

古代の人々の暮らしをイメージさせる『万葉集』の歌に、山上憶良《やまのうえのおくら》の貧窮問答歌がある（八九二）。学校の教科書などにも収録されており、よく知られるところだろう。そこで描かれているのは、里長の徴税に苦しむ庶民がひっそりと肩寄せ合って、一つの住居に暮らす姿であり、「父母《ちちはは》は　枕《まくら》の方《かた》に　妻子《めこ》どもは　足《あと》の方《かた》に　囲《かく》み居《い》て　憂《うれ》へさまよひ　竈《かまど》には　火気《ほけふ》吹きたてず　甑《こしき》には　蜘蛛《くも》の巣《す》かきて」というものだ。

考古学により検出される奈良時代の住居跡は、西国では掘立柱による平地式住居もみられるが、東国などでは竪穴式住居が主流である。竪穴式の住居は、縄文時代には出現した住宅の様式で、円形や方形に地面を掘り窪め、その土砂を穴の周囲に盛り、屋根を葺いた半地下式の住居である。掘り窪めた壁面には竈が据えられた。集落跡で検出される竪穴式住居の床面積はさほど大きなものではなく、床面積の平均は一〇〇平方《メートル》未満である。

そうした住居に、みなが肩寄せ合って生活しているイメージが長く普及していたのだが、最近では憶良の貧窮問答歌はやはり文学であり、これは誇張された表現ではないかと理解されるようになってきた。

『日本霊異記』（中三三）は「女人《おみな》悪《あ》しき鬼《おに》に点《けが》され食噉《く》はるる縁《ことのもと》」というもので、大和国十市《とおち》郡庵知《あむち》村の東の方に鏡作造《かがみつくりのみやつこ》が住んでおり、大変豊かであった。一人娘があり、多くの人から求婚されていたが、未婚を貫いていた。ある夜、女性の許を訪れた高き姓の人と初めて結ばれるのだが、その閨《ねや》の内から「痛きかな」との声が三度したのを、父母が聞き、まだ慣れていないから痛むのだろうと語り合って、眠りについた。翌朝、目を覚ました母が女のもとを訪れ、戸をたたき、声をかけるが返事がなかった。そこで怪しんで戸を開けてみると頭と一本の指だけが残っていた。訪ねてきた高き姓の人は鬼であったという話である。この説話では父母の同居を示すとともに、父母の起居する所と娘の閨とが別にあることになる。

こうした居住空間を具体的に示す史料がある。延暦七年（七八八）の「大和国添上郡《やまとのくにそうのかみぐん》司解《じげ》」は（『平安遺文』五）、どのような事情から売却にいたったかは不明なのだが、これは、従七位上の位階を持つ尋来津首月足《ひろきつのおびとつきたり》の所有にかかる「家一区」を小治田朝臣福麻呂《おはりだのあそんふくまろ》に銭一〇貫文で売却した際に作成された証文である。売買を証明するために、郷長や刀禰《とね》と呼ばれる窓口担当者の署名があり、さらには国司も署名のある正式なものだ。

先ほどの鬼に食われた話は、大和国十市郡の鏡作造の話とされており、造という姓をもつことからそれなりの有力者の話であったが、この例も同様であり、鏡作造の家もほぼ同じようなものであったろう。敷地全体は四段一〇〇歩の広さがあり、一般的な農民層の家とは言い難いが、ここで売買されたのが「家一区」で、それは檜皮葺《ひわだぶき》板敷の建物二棟（各柱間が四間で東庇つき）・草葺《くさぶき》の椋《くら》一棟・板屋三棟・門屋《かどや》一基から構成されていた。門屋があることから、垣で区画された立派な家であったろう。こうした建物の広がる居住空間を区と表現した。このような立派な家をすべての人々が所有していたかは別にして、大なり小なり、主屋と幾分かの作業小屋などの施設、さらに垣などにより区画された空間に古代の人々は居住していたと考えられる。

頻繁に建て替えられる建物

こうした「家一区」の具体的姿を示すものとして、やはり参考になるのが、六世紀中葉の榛名山《はるなさん》の噴火により軽石が堆積して一挙に埋没した、群馬県渋川《しぶかわ》市の黒井峯《くろいみね》遺跡・西組《にしぐみ》遺跡、六世紀前半の榛名山の噴火による火砕流《かさいりゅう》で埋没した同じく渋川市の中筋《なかすじ》遺跡などの例である。

黒井峯遺跡の場合、Ⅰ—Ⅵ群・Ⅳ群・Ⅶ群の三群に明瞭であるが、これらは、柴垣《しばがき》・道・うね状遺構などにより区画され、数棟の平地式住居と冬用の竪穴住居から構成される建物群をなしている。こうした区画された空間こそが一区として数えられるのであろう。おおよそ三〇メートル×三〇メートル（九〇〇平方メートル、三〇〇坪弱）、四〇メートル×四〇メートル（一六〇〇平方メートル、四八〇坪強）程度が当時の居住空間と推定されているが、この程度の広さで「家一区」が構成されていたと考えられる。

黒井峯遺跡で検出された区画をなす柴垣は、きわめて簡素なものであり、可塑性《かそせい》に富んでいる。また窪地のまま検出される放棄された竪穴住居も多くあり、群を構成する住居の建て替えと組み替えが頻発していたらしい。おそらく、その群を区画する柴垣も同じ位置に固定的に作られたものではなく、群を再構成するごとに作り直されたのであろう。

こうした頻繁な作り替えは、奈良時代の集落遺跡にもみられる。千葉県八千代《やちよ》市の村上《むらかみ》込《こみ》の内《うち》遺跡は、下総《しもうさ》国印旛《いんば》郡村神《むらかみ》郷が編成された地域に属する遺跡で、印旛沼の西端の新

図18　黒井峯遺跡復元模型（国立歴史民俗博物館蔵，群馬県立歴史博物館提供）

川右岸に位置する標高二六・七メートルの台地上に立地する。

弥生時代以来、人間が活動した痕跡がみられるが、八世紀の前半に集落が形成され、大きく五期に時期区分される集落は律令期を通じて継続した。重複して切り合う竪穴式住居がいくつも検出され、多くの墨書土器なども発掘されている。床面に基礎を設けず、直接地面に木材の柱を建てる竪穴式住居の耐用年数は短いのであり、頻繁に建物が作り替えられるのが古代の特徴であった。

おそらく庶民レベルの生活では、次から次へと居住可能な空き地を利用して、住居を建て直していたのであろう。集落の景観はめまぐるしく変化したものと思われる。集落の景観だけでなく、再婚により常に世帯が再構成されるように、人と人とのつながりも流動性が高かったのだが、そうした古代社会で人々はどのように生き抜いていったのか、最後にこの点にふれてみたい。

流動性の高い古代社会

古代女性のライフサイクル

メノワラワ

まず、女性に焦点をあてて古代人の一生をトレースしてみよう。

『万葉集』には「葦屋《あしのや》の　菟原処女《うないおとめ》の　八歳子《やとせこ》の　片生《かたお》ひの時《とき》ゆ　小放《おはな》りに　髪《かみ》たくまでに」（一八〇九）、「然《しか》れこそ　年《とし》の八年《やとせ》を　切《き》り髪《かみ》の　よち子《こ》を過《す》ぎ」（三三〇七）などの表現がある。「やとせ」は現在の数えで八歳のことで、この八歳がいわば幼児と児童の境界であった。「きりかみ」は髪を切りそろえることで、女児は八歳になるまでは肩の辺りで切りそろえる切り髪をしていたが、その後、髪を「たく」つまり束ねるようなる。こうした年齢にまで成長した女児を童女（メノワラワ）といった。ワラワの男女は、もうすでに立派な労働力であった。

例えば、律令制下の宮廷の下級の女官に女孺《にょじゅ》というものがある。皇后や妃が起居する後宮の内侍司《ないしのつかさ》・蔵司《くらのつかさ》・書司《ふみのつかさ》・薬司《くすりのつかさ》・兵司《つわもののつかさ》・闈司《みかどのつかさ》・殿司《とのもりのつかさ》・掃司《かにもりのつかさ》・縫司《ぬいとののつかさ》に女孺はおかれていた。このうち最大の一〇〇人が配置されていたのが内侍司で、内侍司は後宮において天皇の日常生活に奉仕した。女孺の「孺」は漢語では幼児を意味するので、女孺の字義どおりの意味は幼女を指す。そして、女孺の和訓は「メノワラワ」であった。

奈良時代の女孺には、釆女《うねめ》や氏女《うじめ》などとして朝廷に出仕した女性が任じられ、後宮職員令の規定によれば釆女や氏女には一三歳以上三〇歳以下の者が採用された（氏女釆女条）。律令制下には、必ずしも実際の幼女や少女が女孺と呼ばれていたわけではなく、そうした役職を女孺と呼んでいたにすぎないのだが、それが「メノワラワ」であることは興味深い。『日本書紀』雄略六年（四六二）三月丁亥条には、国内の蚕（こ）を集めることを命じられた蜾蠃《すがる》（栖軽《すがる》）が聞きちがえて嬰児（わかご）を集めてしまい、その嬰児を養うことが命じられ、少子部連《ちいさこべのむらじ》の姓を賜ったことがみえる。少子部連氏の氏族伝承が面白おかしく語られたものだが、少子部連に連なるのが律令制下の子部で、日置《へき》・子部《こべ》・車持《くるまもち》・笠《かさ》取《とり》・鴨《かも》の五つの氏族は主殿寮《とのもりよう》に殿部《とのもりべ》として奉仕した。宮中の殿舎の清掃、灯火の管理、湯の供進、行幸に際しての乗物の管理などが仕事である。少子部を背の低い人を意味する侏儒《ひきひと》の部と考える説もあるが、少子は少年のことと理解するのが妥当であろう。奈良時代には少子部という氏族が組織され、その出身者が殿部に任じられるようになっていたのだが、はるか昔の朝廷では少年たちが殿舎を清掃したり、暗くなったら灯《あかり》をともしたりということがあったのだろう。日本古代の宮廷は、もともとは成人男女だけの空間ではなく、童女・童男が働き回る場でもあった。こうした構造は朝廷だけにみられるものではなく、貴族の家でも同様で、平城京の発掘調査で明らかになった長屋王家では「少子」や「女竪」と記載された木簡が多数発見されている。

水を汲む童女

庶民が生活する村落の世界でも子どもは働くものであり、なかでも童女は水辺の労働や採取労働に従事していた。

『万葉集』の歌には「葛飾《かつしか》の　真間《まま》の井見《いみ》れば　立《た》ち平《なら》し　水汲《みずく》ましけむ　手児《てご》奈し思《おも》ほゆ」（一八〇八）と、すでにみた伝説の美女、葛飾の真間の手児奈が井戸で水を汲む情景が詠まれているが、水汲労働は女性の労働であった。『日本霊異記』（上九）には、幼子がまだ緑《みどり》児《ご》だったころに鳥にさらわれ、八年後に童女の姿となった娘を父が発見する話があるが、そこには、さらわれた童女が村の共同井戸で水汲みをしている際に、村の童女たちが集まり、さらわれてきた童女をはやし立てて、いじめる様が描かれている。八年というのは、先ほどの「やとせこ」の年齢である。

川の場合も同様で、『古事記』の下巻には、雄略天皇が三輪《みわ》川《がわ》の辺りで洗濯をする「童女」を見そめる話がある。雄略天皇はこの童女に求婚するのだが、声をかけたまま忘却し、ひたすら待っていた童女が年老いた姿になってしまうという悲しい物語である。同じように、『日本霊異記』（中二七）でも、「嬢《おみな》」が「草津川《くさつがわ》の河津《かわつ》に至りて衣《ころも》を洗《あら》う」とあるので、洗濯は童女から嬢、おそらく嫗《おうな》までをふくめて女性の労働であった。

菜を摘む童女

また、平城京の左京二条二坊五坪の二条大路には南北に溝状の堀方が検出されているが、その北側の濠状遺構から出土した木簡に「（表）岡本宅謹　中請酒五升　右為水葱撰雇女　（裏）等給料　天平八年七月廿五日　六人部諸人」とみえる（『平城京木簡』三―四五一九）。この木簡は水葱を採取するために雇用した女性に給料を支給したことを示すが、『延喜式』内膳司漬年料雑菜条にも、漬物にする「生薑《しょうが》」、つまり生姜《しょうが》を採取する女孺五〇人と女丁《によてい》一二人に特別手当を支給する規定がみえる。天皇の食膳を準備する内膳司が管理するこれらの労働は女孺と女丁に委ねられていた。

このように蔬菜《そさい》類の採取は女性労働が担っていたのだが、『万葉集』に収められた「いざ子《こ》ども　香椎《かしい》の潟《かた》に　白妙《しろたへ》の　袖《そで》さへぬれて　朝菜《あさな》摘《つ》みてむ」（九五七）、「郎女《おとめ》らが春菜《はるな》摘《つ》ますと　紅《くれない》の　赤裳《あかも》の裾《すそ》の　春雨《はるさめ》に」（三九六九）といった歌は、菜を摘む「子ども」・「郎女」の姿を詠っている。平安時代の説話集では、「其《そ》ノ畠《はたけ》ノ主《ぬし》、青菜《あおな》ヲ引取《ひきと》ラムガ為《ため》ニ、下女共《げじょども》数《あまた》具《ぐ》シ、亦幼《またおさな》キ女子共《にょしども》ナド具《ぐ》シテ、其《そ》ノ畠《はたけ》ニ行《ゆき》テ、青菜ヲ引取ル」

（『今昔物語集』二六―二）などの事例もあり、この場合畠を所有する主の家の経営に組み込まれた「下女共」とそれに付属する「幼キ女子共」が青菜の採取に駆り出されていた。

いわば井戸や川での洗濯といった水回りの仕事、蔬菜の採取などは女性に固有の労働なのだが、すでに古代には性別による分業が存在したようだ。人々が生きてゆくには男女の協業が不可欠なのだが、その際、子どもである童女もオトナの女性を補助するように働いていた。幼児の頃より母に手を引かれ、連れて行かれた井戸や川で、童女になる頃には、同じように働き始めるわけである。童女の労働は、もともとは母のお手伝いなどから始まるのだが、それは彼女が成人女性になるための見習い労働でもあった。性別による分業の現実的な基礎は、こうした労働過程にあっただろう。

恋するヲトメ

おおよそ初潮を迎えるであろう一三歳以降、婚姻が可能になった童女はヲトメとなり、恋の季節を迎える。

半布里の世界では、同里や近隣の里程度のさほど広くない範囲の通婚圏が想定できるのだが、それは村や村々で行われる祭祀や共同作業が出会いの場になっていたからであろう。しかし、時にこうした村の範囲を大きく越える出会いの場もあった。

古代では春の予祝《よしゅく》や秋の収穫を感謝するために、山や川、さらには市などに男女が集い共同で飲食を行う習慣が存在した。そうした場で行われるのが歌垣《うたがき》である。『常陸国風土記』筑波郡条の歌垣の話はよく知られるところで、筑波山には坂東諸国から人が集まったとされる。歌題にもなるくらい有名なものなのだが、そこでは、男女による歌の掛け合いが行われ、そうした交渉を通じて男女が出会った。元来は、神事と不可分の行事・風習で呪術的な意味をもったとされている（坂江渉「古代女性の婚姻規範」）。

歌垣では、例えば、『常陸国風土記』筑波郡条に「筑波峰《つくばね》に　逢《あ》はむと　言《い》ひし子《こ》は　誰《た》が言聞《ことき》けばか　峰逢《みねあ》はずけむ」、「筑波峰《つくばね》に　廬《いお》りて　妻無《つまな》しに　我《わ》が寝《ね》む夜《よ》ろは　早《はや》も　明《あ》けぬかも」などの歌があるように、男女が出会い、そこで結ばれることがままあった。『常陸国風土記』香島郡条には、童子女松原《うないのまつばら》の歌垣で那賀《なか》郡の寒田之郎子《さむたのいらつこ》と下総国海上《うなかみ》郡の安是之嬢子《あぜのいらつめ》が結ばれる物語が伝わる。結ばれた二人が朝になり、人に見られるのが恥ずかしく松の木になってしまったというものだ。歌垣が、男女の出会いの場の一つであったことは間違いない。

この童子女松原の伝承は、常陸国と下総国であるように、国や郡を越える広域の男女が結ばれた例であるが、『日本書紀』皇極三年（六四四）六月条にみえる「小林《おばやし》に　我《われ》を引《ひ》入《き》れて　奸《せ》し人《ひと》の　面《おもて》も知《し》らず　家《いえ》も知《し》らずも」という歌は、見知らぬ男と一夜を過ごした女の歌で、これも歌垣の場面を詠んだものと考えられる。顔をも知らない、名をも知らなかった男女が出会うこともあった。歌垣を介するならば、村落や集落の範囲を越える出会いもありえたろう。歌垣は遺伝子の多様性の獲得にも一役買っていたのである。

こうして知り合った男女の間ではヨバヒ、名告りをへて恋が成立する。恋する二人は逢瀬を楽しむのだが、「隠《こも》りのみ　恋ふれば苦《くる》し　山《やま》の端《は》ゆ　出《い》で来《く》る月《つき》の　顕《あら》はさばいかに」（三八〇三）という歌は、注によると親に知られずに、愛する人と竊《ひそ》かに交わったことが心苦しく、相手との関係を親に認めてもらうために打ち明けようと男に訴えるものである。障壁は女性の親、なかでも母親であった。

ヲトメからヲミナへ

律令では婚姻に際して、尊属近親への告知が規定されているが（戸令嫁女条）、こうした婚姻法がどれだけの意味をもったのか疑わしい。確かなことは娘の性に対して母親が大きな影響力をもったことで、「かくのみし　恋《こ》ひば死《し》ぬべし　たらちねの　母《はは》にも告《つ》げつ止《や》まず通《かよ》はせ」（二五七〇）という歌は、こんなにも恋しかったら死んでしまうので、貴方のことは母にも告げたから、どうぞ通いつづけて下さいというもので、男女の関係の初期段階を描写したものである。

日本古代の史料にも「婚礼」なるものはみえるが（『日本三代実録』貞観九年〈八六七〉十月四日条・『万葉集』三八〇四注）、一般庶民の階層では、明確な成婚儀礼は存在しなかったようだ。娘の性についてその母の承認をえて、男性が女性の許へと通う事実の集積が婚姻とみなされたのであり、こうした段階で三ヵ月の間、往来が途絶えた場合に婚姻が不成立とされたのである。もちろん、同居にいたらない段階での男女の性関係はいつの時代でも不安定であったであろう。

妊娠と出産

男女が交われば子を授かるが、母と子の年齢差から出産時の年齢をある程度推定できる。それによると、半布里の世界では、一〇代の後半より子を産み始めることが多いようである。

さらに、二子以上を同籍する場合の子と子の年齢差を計算してみると、出産間隔は二〜四年程度となる。もちろん、実子を出産した間隔を正確に算出することは不可能であり、出生した子が無事に生育しないのが古代社会であるため、これはあくまでも目安にすぎないのだが、妊娠間隔はこれよりも短かった可能性もあるだろう。

『日本霊異記』には七人（上一三）、八人（下一六）、九人（中四二）の子を産んだ女性がみえ、半布里戸籍では子を同籍する母一七六人のうち、生部床波売《みぶのとこなみめ》が一二人の母としてみえ、秦人《はたひとの》止己与売《とこよめ》が一一人、県主族古売《あがたぬしのやからこめ》・県主族与屋売《あがたぬしのやからよやめ》・県主族若屋売《あがたぬしのやからわかやめ》が一〇人、秦人《はたひとの》波利売《はりめ》・尾治戸稲寸女《おわりべのいなむらめ》・五百木部多麻売《いおきべのたまめ》が九人の子の母としてみえるが、当時の乳幼児死亡率の高さを考えると、これらがすべて実子であるかは疑わしい。『うつほ物語』では俊蔭《としかげ》の娘が出産するにあたり、神仏に「平《たい》らかに御身々《おんみみ》となし給《たま》へ」と安産を祈るように、出産は危険をともなうものであり、事実、平安期の上層貴族女性の出産例では難産で母子ともに亡くなる例も多くあった。なかには、一男六女を産んだとされる春日《かすがの》大娘《おおいらつめ》の例や（『日本書紀』仁賢元年二月壬子条）、山背国《やましろ》相楽《さがらか》郡の鴨首形名《かものおびとかたな》が三度双子を産み六児をなし、初産の二人が大舎人《おおとねり》に取り立てられた例もあるが（『続日本紀』慶雲三年〈七〇六〉二月戊子条）、多産で長命な女性は少なかったはずである。

妻となる

子が生まれる頃には、男女が同居する場合のあることはすでに述べたが、律令制下の場合、郡の大領や少領など地域社会の上層階層では妻が夫方に居住しており（『日本霊異記』中二七・上三〇ほか）、こうした階層では夫方居住が一般化していたと考えられる。『日本霊異記』ではこうした夫婦を家長と家室として表現した。このほかに女性を表す言葉に刀自《とじ》があり、家刀自・里刀自などの用例もみられるが、刀自は女性を指す場合の一般的な表現で個人名にも多く使われた。

そうした家室の姿を具体的に示すのが『日本霊異記』（下二六）の説話で、讃岐国美貴《みき》郡大領《だいりょう》の妻である田中真人広虫女《たなかのまひとひろむしめ》の強欲さを伝える。彼女は富貴にして宝を多く所有し、馬・牛・奴婢・稲・銭・田畠といった財産を所有していた。女性がこうした財産を所有していたことは、筑前国嶋郡川辺里戸籍にみえる大領肥君猪手《ひのきみのいて》の戸で戸主奴婢とともに八口の戸主母奴婢が計上されている例や御野国加毛郡半布里戸籍でも戸主県造吉事の戸で母である県造《あがたのみやつこ》奈尓毛売《なにもめ》が一三口の奴婢を独占所有している例が確認できる。おそらく彼女たちは戸籍には計上されない馬や牛、稲などの財産を田中真人広虫女と同様に所有していたはずである。

女性が公的な債務者となりうることは、天平十一年（七三九）の備中国大税負死亡人帳《びっちゅうのくにたいぜいふしぼうにんちょう》に女性名の免除例があることからもうかがえる（『大日本古文書』二―二四七〜二五二）。国家からの稲の貸し付けは女性個人に対しても行われており、古代の女性は財産を所有するとともに経営の主体でもあった。

家室は、脱穀した玄米を精白する稲舂女《いなつきめ》の労働を指揮しているように（『日本霊異記』上二）、家の経営でも大きな役割を果たしていたが、ちなみに、先の広虫女は、酒を水増しして売りつけたり、貸し付けを行う際に小さい升《ます》で貸し付け、償還させる際には大きい升で計ったりするなど、暴利を貪っていた。こうした地域社会の上層階層の家は、家長と家室の夫婦別財の共住とでも呼ぶべきものであった。

再婚しない寡婦

すでにみたように、夫と死別した後、再婚する女性が多くあったのが古代社会なのだが、富裕層の場合、再嫁しない寡婦もいた。それが節婦《せつぶ》である。

律令には、孝子《こうし》・順孫《じゅんそん》・義夫《ぎふ》・節婦の表彰が規定されている（賦役令孝子順孫条）。いずれも儒教的規範を顕彰するものだ。中国では列女《れつじょ》の伝記が残されており、貞節を守る節婦の事例がみえるが、日本では、こうした節婦をさまざまな政治的契機に表彰した。『続日本紀』以降の五国史には、約四三の表彰例がみえる。

節婦の初見記事は、『続日本紀』和銅七年（七一四）十一月戊子条で、それによると、大和国有智《うち》郡の信紗《しなさ》は、百済からの渡来系氏族の四比《しひ》氏に属するが、夫が亡くなった後、志を守り幼子八人を実子と妾子の別なく育て、よく舅姑に仕えたことがその理由とされている。節婦の表彰自体が儒教イデオロギーにもとづくため、それを伝える記事にもそうした修辞がちりばめられており、この記事を鵜呑みにすることは慎むべきであろう。

『日本後紀』天長四年（八二七）正月丁亥条は、豊前国の難波部首子刀自売《なにわべのおびとことじめ》の表彰例である。難波部首子刀自売は、一八歳で下毛《しもつみけ》郡の擬大領である蕨野勝宮守《わらびののすぐりみやもり》と結婚した。擬大領は郡の長官代理のようなものである。夫との生活は二〇年間ほど継続したが、夫の死後一〇年でその貞操を表彰されたので、表彰時には四八歳から五〇歳ほどであったろう。その内容は、夫の死後、遠近の庶士から再婚を求められることが多くあったが再嫁しなかった、というものである。このように、再婚の可能性もあったが、夫を亡くした後に貞節を守り通した寡婦《かふ》が節婦の基本的条件であった。

難波部首子刀自売の婚姻年齢は一八歳であったが、節婦には若年で結婚した例が多くある。節婦の表彰例では、律令の規定に従って一三歳から婚姻している事例が確認できるが、一四歳や一五歳、一六歳といった若年層での婚姻例がままみられる。

また節婦を見渡してみて気づくことは、彼女たちはいずれも上層階層に属することが明らかである。節婦として表彰されたものには連《むらじ》や直《あたえ》・首《おびと》の姓を有している場合がみられるが、こうした姓をもつものは、地域社会の伝統的有力者であった。妻にそうした姓がみえない場合でも夫が有姓者であったり、大領・少領など地域社会の有力者であることが多い。こうした地域社会の上層階層に属する女性が再嫁しない場合に節婦として表彰されるのである。平安時代の貴族女性にも若年での婚姻例が多くみられるが、地方の豪族層でも同様に考えられるだろう。

年少の妾

こうした富裕な女性とは対照的なのが妾である。古代が多妻制の社会であることは間違いないが、妻と妾の別はこれまでも議論になってきたところで、日本古代の律令法では厳格な別があったとはいえないかもしれない。しかし、そうした特徴を過度に強調し、妻と妾との別がなかったことを導くのは言い過ぎであろう。単に年長のものが妻とされたにすぎないのでは、との見方もあるが、この点は豊前国塔《とう》里戸籍の戸主塔勝《とうのすぐり》岐弥《きみ》の妻が若売《わかめ》四〇歳であるのに対し、彼の二人いる妾の一人秦部《はたべの》黒売《くろめ》が四二歳で妻より年長である事例が反証となる。

妾とされるものの実態をみてみると、妾の中には著しく年齢の低いものが見受けられ、当初から妾の位置にあったものがいる。現存する戸籍で確認できる最年少の妾は、筑前国の川辺里戸籍にみえる物部神山《もののべのかみやま》（二八歳）の妾の例で、神山には妻として額田部阿久多売《ぬかたべのあくため》（二二歳）があるが、妾として卜部犬手売《うらべのいぬてめ》（一二歳）がいた。律令の規定する婚姻可能年齢の一三歳を下回っている事例であり、ヲトメであった犬手売は、当初から妾として物部神山との関係を開始していたことになる。

このように一〇代の初婚時に妾であったと推定できる例はほかにもみられる。そして、これらの妾に特徴的なのは、物部神山と卜部犬手売の年齢差が一六歳であるように、男性との年齢差が大きいことである。

御野国の春部《かすがべ》里戸籍の某戸の場合、戸主には妻六人部呉売《むとべのくれめ》（三七歳）があり、呉売には姉売《あねめ》（一一歳）以下、末子の壱満売《いちまめ》（四歳）までの計四人の女児がいる。戸主の年齢は不明だが妻の年齢を考えると四〇歳前後であったろうか。その戸主には妾として国造《くにのみやつこの》族《やから》当売《まさめ》（一六歳）がいた。おそらく彼女も人生の最初から妾の位置にあったものと考えられる。この例では戸主の記載が欠けており、戸主の年齢がわからないのだが、妻と同年代であったなら二〇歳程度の年齢差となるだろう。

春部里戸籍の戸主国造族《くにのみやつこのやから》加良安《からやす》（五四歳）には、妾として工部姉売《たくみべのあねめ》（三四歳）がおり、妾子として石国《いわくに》（一五歳）・小石《おいし》（九歳）・真須《ます》（四歳）がみえる。これらの妾子はいずれも姉売との子と考えて不自然な点はないのだが、妾子石国の年齢から逆算すると、石国は三九歳の加良安と一九歳の姉売の子ということになる。この場合も年齢差は二〇歳となる。古代の戸籍で母と子の年齢差をみるかぎり、一〇代の女性が相手を見つけて性愛関係を結ぶことは不思議でないが、半布里の事例で考えると、この世代の場合、夫と妻として登録されているものの平均年齢差はさほど開いていない。しかし、これらの例では年齢差は一六歳から二〇歳程度開いており、夫と妻の平均年齢差とかけ離れている。

妾の姉妹

こうした少女が、はたして気の向くままの恋愛の結果として、これらの男性と結ばれたと考えるのはいかがなものであろう。戸籍そのものから彼女らが妾として扱われた事情を読み解くことは困難なのだが、妾とされるものには、何かやはり特殊な条件が存在した可能性を考えるべきであろう。半布里戸籍の例からも導かれるように、妻を亡くした富める男が貧しく若い女を妻とすることはありうることなのだが（『日本霊異記』中三四）、妻が生きている時点であるならば、そうした女性は妾とされたはずである。

この点で御野国各牟郡中里戸籍の某戸に属する妾の事例が興味深い。寄人丈部古麻《はせつかべのこま》（五〇歳）には妻とともに妾として伊蘇部黒売《いそべのくろめ》（三五歳）があったのだが、この黒売より二歳年上の伊蘇部広都売《いそべのひろつめ》（三七歳）が戸主某の妾として登録されていた。これまでも指摘されているように、ともに妾である伊蘇部広都売と伊蘇部黒売は姉妹であった可能性が考えられる。もしその想定が正しいとするならば、二人がともに妾として生きてゆかざるをえない何らかの共通した事情が存在したはずである。残念ながら戸籍の記載だけでは、この二人がなぜ妾とされたのか、機微に即した理由はわからない。

低い高齢化率

古代では、良民の成人男性の場合、六〇歳を超えると正丁《せいてい》から次丁《じてい》へと区分が変更され租税負担が半分となり、六六歳からは租税が免除された。良民の成人女性で寡婦《かふ》の場合、五〇歳を超えると賑給《しんごう》の支給対象となるが、このように年長の者への扱いは変化した。ちなみに、男性も女性も八〇歳を超えると高年とされ、高年の者には、侍《じ》と呼ばれる介護者が充てられた。侍に充てられるのは男性で、原則として子・孫のなかから選ばれ（戸令給侍条）、侍とされた者は介護労働と引き換えに、力役の負担が免除された（賦役令仕丁舎人条）。

半布里戸籍で男性の六五歳以上、女性の五〇歳以上の人を抽出してみると八一人で、登録されている人口が一一一九人なので約七%となる。高年はわずかに七人で、こうした年代まで生き延びる人は稀であった。

このように古代社会の高齢化率は実態として低く、老人に達することが困難な時代であったため、地域社会において老人は古老として伝承をつたえるなど重要な役割を担った。和銅六年（七一三）に撰進が命じられた諸国の『風土記《ふどき》』は、そうした古老の言い伝えを集成したものである（『続日本紀』和銅六年五月甲子条）。また、土地をめぐる紛争などでも国使《こくし》・検田使《けんでんし》・郡司《ぐんじ》とともに、古老が証言する事例がみえるが（『平安遺文』三二八）、齢を重ねて生きてきた老人に固有の重要な役割が存在した。春には村々で、その年の収穫を予《あらかじ》め祝う祭り、春時祭田《しゅんじさいでん》の祭りが行われるが、そこでは郷飲酒礼《ごういんしゅらい》と呼ばれる宴会が催された。古代のこうした村祭りには、男女が悉く集まり、年齢の順に着座し、老人は若年の者から飲食を供給されるなど、丁重な扱いをうけていた（儀制令春時祭田条古記）。

老女の姿

七世紀末の天武朝には中国的な礼制が受容される一環として男女に結髪《けっぱつ》が強制された（『日本書紀』天武十一年〈六八二〉四月乙酉・天武十三年閏四月丙戌・朱鳥元年〈六八六〉七月庚子条）。律令制下でも成人男女は結髪が基本なのだが、神《かん》部《べ》や斎宮《さいぐう》の宮人とともに老嫗《おみな》は髪を結わない垂髪《すいはつ》姿が認められていた（『続日本紀』慶雲二年〈七〇五〉十二月乙丑条）。こうした垂髪は天武十三年令では女の四〇歳以上に認められたので、おおよそ閉経を迎える四〇歳以降が嫗《おうな》の時代となる。

老嫗の場合でも『古事記』顕宗《けんぞう》段は、淡路《あわじ》国の賤しき嫗の話ではあるが、顕宗天皇の父である市辺忍歯《いちのべのおしは》王が雄略天皇により謀殺され埋められた場所を覚えていたことを褒められ、顕宗の王宮の辺に老媼のための屋を建て日々召し大切にしたことを伝える。

また『続日本紀』神護景雲二年（七六八）六月乙未条は、信濃《しなの》国伊那《いな》郡の他田舎人千世《おさだのとねりちよ》売《め》が節婦として表彰された例だが、彼女は二五歳にして夫を亡くし、志を守り寡居すること五十余年もの間、貞節を守りつづけた。表彰時には七五歳を超えていることになるが、家が「豊贍《ゆたか》」であった。節婦、他田舎人千世売は富裕な老媼なのであった。

しかし、富裕ではない老人の場合は、必ずしもそのようにはいかなかった。

裸衣の老人

『日本書紀』神武即位前紀九月戊辰条は、神武天皇の東征伝承のクライマックスを伝えるもので、椎根津彦《しいねつひこ》と弟猾《おとうかし》が敵陣をかいくぐり天香山《あまのかぐやま》の土を取りに行く場面を描くが、その際、彼らには、みすぼらしい衣服に蓑笠《みのがさ》を着せて老父とし、箕を被せて老媼の格好をさせたとある。この格好で敵の間を通り抜けようとするのだが、その行く手を遮る敵は、二人の姿を見て大声で「大醜（アナミニク）の老父・老媼なる」と嘲り笑うのであった。箕をまとう賤しき老人の姿を蔑むような心性が古代社会には確実に存在した。

そして寄る辺のない老人の姿を具体的に伝えるのが、『日本霊異記』（中一六）の説話で、讃岐《さぬき》国香川《かがわ》郡坂田《さかた》里の富裕な綾君《あやのきみ》の家に寄生して生活する翁と媼が描かれている。彼らは、いずれも生活を共にする相手のいない鰥《やもお》と寡《やもめ》であり、子どもがなく、きわめて貧しかった。裸衣にして、生きることもできないという状態なのだが、決まって綾君の家の食事の際に現れ、食を乞うことで命をつないでいた。貧しく裸衣とあるので、箕をまとう老父・老嫗の姿に近いものであったろう。綾君の妻である家室は、夫の家長に対して、この鰥と寡は老人であるため、駆《は》せ使うことができないので、慈悲の心をもって家の子として扱うことにして、食事を与えようと提案するのだが、その家の人々が口々にそれを厭うたという話である。

この二人の老人は、綾君の家に包摂された存在ではなかった。綾君の家に寄生して命をつないでいたにすぎない。古代社会の貧富の格差は隔絶していたが、貧者や弱者は有力なものに駆せ使われ、それに従属・隷属、場合によっては寄生することで生命をつなぐ関係が存在した。姉妹で妾とされる事例もこうした観点から捉え直す必要があるだろう。

生命をつなぐ

配偶者がいない？

すでに述べたように、下総国《しもうさ》の戸籍には二〇歳代の夫婦がみえないが、実際にはその年代の男女が子をなすことも多くあった。これは下総国に固有の戸籍編成上の特徴なのだが、子の記載がありながら夫のいない女性、同様に妻のいない男性、さらに親のみえない年少者などは、戸籍や計帳《けいちょう》に広くみられるところでもある。このうち、何らかの配偶者がいても不思議ではないのに妻子を欠く事例を独《どく》籍《せき》、本人と所生子のみが登録され、配偶者を欠くものを片籍《かたせき》と呼び習わしている。

従来、こうした独籍・片籍といった現象は、古代の戸籍がフィクションであることを示すものとして理解されてきたのだが、はたしてそう解釈してよいか、慎重に考える必要がある。この解釈の前提となるのは、独籍・片籍者には何らかのステディなパートナーが存在したはずなのにそれが記載されていない、というものだが、これも思い込みにすぎない。実際に、戸籍には配偶者との死別を示す事例もあり、再婚により世帯の再構成が頻繁に行われていること、当時の出生時平均余命の短さなどを考える必要があるだろう。古代社会の死亡率もきわめて高率である。古代における生死の現実は、どのようなものであったか、具体的にみてみよう。

死亡の季節性

まず、これはよく知られることだが、日本の中世後期の社会は慢性的な飢餓の状態にあった。春から夏の端境期に飢饉《ききん》が繰り返し起こっていたことが明らかにされている。田村憲美は、現在の千葉県松戸市にある本土寺《ほんどじ》の過去帳から、この時期の死亡月日を分析し、それが近世の大飢饉時によく似たものであることを明らかにしたが、こうした状況は基本的に古代でも同様であった（田村憲美「死亡の季節性からみた中世社会」）。

この点を示すのが、次の天平十一年（七三九）の備中国大税負死亡人帳《びっちゅうのくにたいぜいふしぼうにんちょう》の事例である。この帳簿は、大税を財源とする稲の貸し付け、すなわち出挙《すいこ》による負債を抱えたまま死亡した者について、その負債を免除するために、備中国衙《こくが》で作成されたもので、死亡した人の名前と免除額・死亡年月日を記載する。帳簿の冒頭にある総計によると、備中国の合計九郡で死亡した人は一二七人にのぼり、合計で貸し付けた稲、六四七九束七把が免除されている。帳簿には、十月と十一月に死亡した者がそれぞれ二名計上されているので、これは天平十一年を通じて、負債を抱えたまま亡くなった者を書き上げたものと考えられる。帳簿は備中国を構成する全九郡のうち、冒頭の都宇《つう》郡から賀夜《かや》郡までの三郡について残り、合計四四名分、全体の約三五％が残っているにすぎないのだが、ここで注目したいのは、その死亡月日である。

もちろん、こうした日付が、どの程度信憑性を持つか心許ないところではある。確かに、例えば、三月十日を死亡月日とするものが二例、同じく五月十日とするものが同じく二例、五月二十五日とするものが三例確認できるように、まとめて適当に記載しただけではないのかとの疑念もわく。しかし、三月十日の事例は、窪屋《くぼや》郡美和《みわ》郷市忍《いちおし》里の出雲部《いずもべの》刀《かたな》と賀《か》夜《や》郡葦守《あしもり》郷楢見《ならみ》里の出雲部小麻呂《いずもべのこまろ》で郡が異なっており、もし行政機関が適当に処理したのなら、そうした操作が可能になるのは国衙ということになるが、例えば、賀夜郡葦守郷楢見里ではまず、三月二十六日に死亡した建部臣恵師売《たけるべのおみえしめ》が記載され、次いで出雲部小麻呂、さらに五月二十七日に建部気津売《たけるべのけつめ》、六月十日に建部智麻売《たけるべのちまめ》が死亡したと書かれている。これらはいずれも同一の里（コザト）に属するが、死亡人帳の記載順序は死亡月日順にはなっておらず、死亡月日も異なっている。おそらく大税負死亡人帳の歴名《れきみょう》は、籍帳の記載に従って、籍帳の死亡注記と貸し付け帳簿とを照らし合わせて、籍帳の記載順に抜き出すことで作成されたのであろう。

古代人は夏に死ぬ

大税負死亡人帳の死亡月日は特別の操作を経たものではないと考えられるのだが、これを死亡月単位にまとめて、月ごとの件数をグラフ化したのが図19である。ちなみに当時は旧暦ゆえ、正月から三月までが春であり、四月から六月までが夏、七月から九月までが秋、十月から十二月が冬である。また旧暦では閏月《うるうづき》が入り、一年が一三ヵ月からなる年もある。ちょうど、天平十年と天平十三年が閏年で閏月を含めて一三ヵ月からなるが、天平十一年は平年で一二ヵ月からなっており、このグラフは一年一二ヵ月での死亡人の分布を示している。

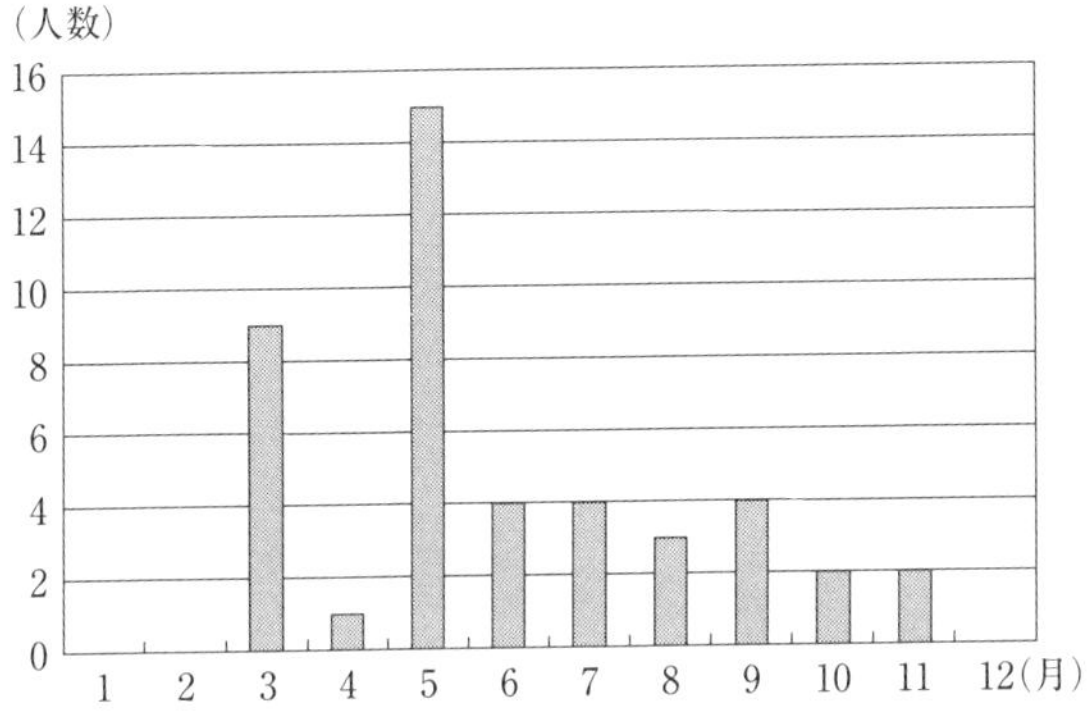

図19　備中国大税負死亡人帳の死亡月

八世紀中葉の天平期には、天平五年・九年・十九年・二十年に大規模な飢饉が発生するが、天平十年と天平十一年は安定していたらしく、天平十年八月には、天平七年から天平九年にかけての疫病で疲弊していた山陽道諸国での無償の貸付が停止され、正税を貸し付ける出挙が復旧されている。

この後、『続日本紀』には特記されるような記事はなく、天平十一年は豊作だったらしい。その年の秋には天下の諸寺に五穀成熟経の転読と、七日七夜の悔過《けか》が命じられている(『続日本紀』天平十一年七月甲辰条)。天平十年から十一年にかけては、まれにみる安定した年であり、備中国は飢饉に見舞われていないのだが、この図19で注目されるのは、夏の五月に死亡数が突出していることである。

このように夏の五月に死亡数が集中することの背景には、「夏時《かじ》に至りて、必ず飢饉あり」と表現される状況が存在したものと考えられる(『類聚三代格』巻一九、弘仁十年〈八一九〉六月二日官符所引弘仁十年三月十四日官符)。事実、『続日本紀』の飢饉にともなう賑《しん》給《ごう》の記事を発生月ごとにまとめると、中世の事例から推定した春から夏にかけての死亡曲線とほぼ同様のものとなる。また同様の分析を先駆的に行った新村拓は、平安末にいたる上中級官人の死亡月や疫病発生の記録を集計し、疫病は三月から五月に多く発生し、死亡は五月から七月に多いことを指摘している(新村拓『日本医療社会史の研究』)。

飢饉が起きれば疫病が蔓延する

すなわち、中世後期の慢性的飢餓状態は、基本的に古代社会にも当てはまるものであった。史料に「飢疫《きえき》」と表現されるように、飢饉が発生すると、必然的に疫病が蔓延し、多くの人が亡くなった。飢饉の状態では、栄養状態も悪化し抵抗力が弱まる。また、悪食《あくじき》も行われたであろう。春から夏にかけて、慢性的な飢饉状態にあるわけで、それにともない疫病に見舞われるのが、古代社会の基礎的条件であった。

古代の疫病については、天平九年の天然痘《てんねんとう》の大流行はよく知られるところだが、医疾令典薬寮合雑薬条では、典薬寮《てんやくりよう》と諸国が常に準備すべき薬として、傷寒《しようかん》・時気《じけ》・瘧《ぎやく》・利《り》・傷中《しようちゆう》・金創《きんそう》の諸薬をあげている。このうち、傷寒は寒気による熱の病、時気も四季の気候変化に反して起こる時々の病であるが、瘧はハマダラカが媒介するマラリア原虫による感染症であり、利は赤痢菌感染による下痢や発熱などの症状、傷中は内臓の疾患とされており、これらがきわめて普遍的な疾病であった。

史料にみえる古代の疫病の実態は、現在の医学的水準に照らして理解することができない。当時の人々の身体感・世界観・宇宙観が現代とは異なるものである以上、仕方のないことだが、人間が畜群を管理するようになって以来、犬・牛などに由来する結核や麻疹などの感染症が人間の世界に入り込んできたことは間違いない。麻疹は犬、天然痘は牛、インフルエンザは水禽、百日咳は豚や犬に起源をもつと考えられている（山本太郎『感染症と文明』）。考古学的痕跡は骨に変異をもたらす場合でしかわからないが、結核菌に冒された脊椎《せきつい》カリエスの痕跡のある人骨は、弥生時代の集落遺跡である鳥取県鳥取市青谷《あおや》の青谷《あおや》上寺地遺跡《かみじちいせき》からも出土しており、これらの病原体は日本の古代にも存在した。

日本古代において感染症は周期的に蔓延したが、これらは、いずれも人間に致死的被害をもたらすものであった。例えば現在の島根県の隠岐諸島で構成される隠岐国では、貞観七・八年（八六五・八六六）の二ヵ年で、少なくとも三一八九人が疫病により死亡したことが記録されている（『日本三代実録』貞観十二年〈八七〇〉八月五日条）。当時の隠岐国の人口は里（郷）の数から考えて、一万人以下であったはずだが、この疫病により三割から五割程度の人口減少に見舞われたと見込まれる。

もとよりこれだけの高率の被害が、列島全体を覆うわけではなく、全体をみた場合には、変動の幅は小さくなるが、ある国や地域といった個々の局面では大きな変動が起きていたことは間違いいない。古代社会は決して、牧歌的な社会ではなく、厳しい生存条件のもとでの流動性の高い過酷な社会なのであった。

山で飢饉をやり過ごす

では、飢饉時の生活とは、具体的にどのような状況なのだろうか。この点にふれてみよう。古代の飢饉の生活を詳細に描写しているのが、『うつほ物語』の俊蔭《としかげ》の段だ。

『うつほ物語』は、漢字で書くと「宇津保」で、源氏物語よりも古く成立した全二〇巻からなる大部な物語である。源氏物語の陰に隠れたマイナーな物語だが、源氏物語が上級貴族や天皇といった、政治的頂点の世界の話であるのに対し、『うつほ物語』が扱うのは、もう少し下のクラスの貴族層である。これが実に面白い。

ここで注目したいのは冒頭の俊蔭の段で、中級貴族である俊蔭の死後に一人娘が残された。その娘は、ある夜、太政大臣の御曹司と結ばれるのだが、御曹司は連れ戻されてしまい、娘は身の回りの世話をする老婆と二人きりの生活をおくることとなる。彼女は妊娠しており、一人の男児を出産するが、そこから試練がはじまった。

男の子が五歳に成長した秋には、世話をしていた老婆も亡くなり、ついに母子の生活となる。すると、たちまちこの親子は、少しも食べることができなくなってしまう。母子二人だけの生活で困難を極めるのである。そこで男児は山に分け入って、薯蕷《しよよ》や野老《ところ》、木の実を採取し、葛《くず》の根を掘って母を養うようになる。

男児は必死に食料を調達するのだが、その都度、山に採りに行くのも手間だ、ということで、どうかこの山に住めそうな所はないものか、母上を近くに置いて養ってさし上げたいと思いたつ。男児が山深く入ってゆくと、たいそう大きな杉の木があり、ちょうど大きな部屋ぐらいの広さの空洞になっているのを見つけた。男児は、ここに母上を住まわせて、拾ってきた木の実などを真っ先にさし上げたいと思って、近寄ってみるとたいそう、厳めしい牝熊《めぐま》と牡熊《おぐま》が子を育てながら、棲《す》む「うつほ」であった。この熊の棲みかである空洞が「うつほ」で、ここから『うつほ物語』という名前が付けられる。男児は熊に襲われそうになるのだが、必死に事情を説明し、孝行息子であることに感じ入った熊がその「うつほ」を明け渡したという話である。

この話の大事なポイントは、頼る人もない、母子の破片的な家族の生活が困難なものであったこと、そうした場合に、都や里で住むことができなくなって、山へ入って「うつほ」に住むことにある。里で食べ物をえることができない時に、山に入るというのは、飢饉の際の普遍的な現象であった。山に入れば、山芋や木の実などの食料があるので、それで飢えをしのぐのである。

これは中世の事例だが、正嘉三年（一二五九）の飢饉に際して、鎌倉幕府は、命令を下し、飢えた人々が山野河海に入り、薯蕷・野老・魚鱗・海藻などの食糧を採集することを認めている（鎌倉幕府追加法三二二）。近世の飢饉に際しては、藩は、留山《とめやま》を御《お》救山《すくいやま》として開放し、人々はそこで燃料や食糧を調達した。さらに、東北地方を襲った昭和初期の飢饉の際にも代用食を探しに、老若男女、子どもがこぞって山へと入り、草の根や木の実を懸命に採取していたことが伝えられている。こうした飢饉の際の山入りは、一般的な行動なのである。『うつほ物語』俊蔭にみえる母と子の困窮した様は、まさに飢饉にあって飢えをしのぐ人々の生活にほかならないのである。

そして、現在でもさまざまな貧困の問題が深刻だが、孤独な一人での暮らしや、母子の暮らしが困難なものであったことは古代でも同様だ。『日本霊異記』には、こうした困窮した母子の生活が多く描かれている。

母子の貧困

『日本霊異記』（中四二）にみえる海使蓑女《あまのつかいのみのめ》は、奈良の左京九条二坊の人だが九人の子を産んで、きわめて窮しく、生活することができなかったとあるが、ここに夫の姿はみえない。いわば子沢山のシングルマザーだ。蓑女は穂積寺《ほづみてら》に詣でて千手観音に福分《ふくぶん》、つまり何か吉いことがあるようにと祈りつづけていたところ、一年後の天平宝字七年（七六三）に蓑女の妹に姿を変えた千手観音から銭一〇〇貫を賜るという話である。

簑女は穂積寺の千手観音を拝みつづけて、天平宝字七年に福分を賜るとあるのだが、ここにも大事なポイントがある。実は、天平宝字年間は気候が不安定で、特に天平宝字六年は大飢饉であり、翌天平宝字七年も旱魃《かんばつ》や飢饉に見舞われる。天平宝字七年六月には大和国の飢饉に対して賑給が行われているが（『続日本紀』天平宝字七年六月丙申条）、この話しの背景にはこのような現実があった。つまり、これも飢饉時の描写なのである。

同じく『日本霊異記』（上一三）の事例は、大倭国宇太郡《うだ》漆部里《ぬりべ》の風流なる女の例で、名前は不詳だが、漆部造麿の妾とある。彼女は、七人の子を産み、きわめて窮しく食べるものもない、子を養うこともできない、着る衣もない状態なのだが、彼女は藤《とう》を綴《つづ》りそれを着用し、野山にて草を摘んで食事にあてていた。彼女は妾なのだが、この場合も嫠女とさほどかわらない状況であったろう。

　すでに紹介した『日本霊異記』（中三四）の「孤《みなしご》の嬢女《おみな》観音の銅像を憑敬《うやま》ひて奇《あや》しき表《しるし》を示し現報を得《え》る縁《ことのもと》」に描かれているように、妻と死別した鰥、しかも富裕な男性が貧しく孤独な若い女性と再婚するというのは、古代の戸籍にみられる普遍的な現象である。母子の生活も困難をきわめたものであった。世帯を再構築するということは、生きることでもあったのであり、特定の男性を軸として、婚姻を通じて形成される連鎖のなかで、人々は生活していた。時に、そうした性愛の交換が生存にも直結していたのである。

売られる身体

　もう一つ飢饉に際して、見逃せないことがある。凶年には貧窮による人身売買が行われ、売られた人は奴婢として主人に隷属した。『日本書紀』天武五年（六七六）五月甲戌条によると下野国では凶年による飢饉に際し、子を売ることが行われていたが、それを朝廷が制限したという。こうして売られた子について、『政事要略《せいじようりやく》』巻八四に引用されて伝わる延喜刑部省式《えんぎぎようぶしようしき》によると持統四年（六九〇）の庚《こう》寅年籍《いんねんじやく》の作成を基準として、それ以前に父母が貧窮により児を売った場合は賤民とし、庚寅年籍の作成以後に売却された場合には良に従うとされ、大宝令が制定された大宝二年（七〇二）以降は法により処罰することが示されている。庚寅年籍が作成された翌年の持統五年には良賤身分の判定基準が示されており、もし百姓で兄のために売られたのが弟の場合には良民とするが、父母により売られた子の場合には賤民とし、負債により賤民に堕とされたものは良民、良民の子が奴婢との間に生まれたとしても、それは良民とすることが定められた。

養老戸令では奴婢の身分規定について、容易に奴婢身分へ転落しないように構想されていたが、奴《ぬ》は税を負担しない不課口であるので、古代国家としては課丁《かてい》の減少を制限する意図があったのだろう。しかし、そうした国家の意図とはべつに、当時の社会において、貧窮に際して父母が子を売ること、また時に兄が弟を売る慣行は確実に存在した。

中世には、そうした人身売買の詳細がわかるが、元徳二年（一三三〇）の讃岐国の事例では、草木庄《くさきのしょう》の住人である藤六《とうろく》と姫夜叉女《ひめやしゃめ》の夫婦が、八歳の千松童《せんまつどう》を銭五〇〇文で売り渡した券文《けんもん》が伝わる（『鎌倉遺文』三〇九九一）。売り渡し先は、地元の長者、詫間《たくま》庄仁尾《にお》村の平地大隅《ひらちおおすみ》で、夫婦は五〇〇文を即金で受けとっている。そこには、「かように餓身《がしん》を助《たす》からんかためにて（ママ）候上《そうろううえ》は、この童《わらわ》も助《たす》かり、わか身《み》ともに助《たす》かり候《そうろう》」とあり、それは父と母が生き延びるためだけでなく、子の命を長らえるための売却でもあった。

子を売るだけでなく、『日本書紀』大化二年（六四六）三月甲申条には、自ら貧困の主人の許を去り富裕な勢家に自らの身を託して生き延びようとする奴婢がいたことがみえる。

勢家の方では、こうした人を買い留めて抱え込み、本主に送らない場合のあることが記されている。事実、八世紀の中葉、天平期の右京計帳や山背国愛宕《おたぎ》郡計帳には「逃」と記された奴婢が多くみえる。もちろん、これだけでは、逃亡した奴婢の事情はわからないが、自ら身体、すなわち労働力を売り、主人に隷属・従属することで生き延びる関係が存在したのである。

病者と孤児

身体の売却による生存の確保は、人間の活動のさまざまな局面でありうるものである。労働・性・芸能など売るものを有している人は、奴婢・遊行《うかれめ》女婦・芸能者などとして命をつなぐことができた。しかし、そうした身体や技芸をもたないのが病者と孤児であり、彼らは物乞をする乞食となった。よく知られる事例だが、『本朝世紀』天慶五年（九四二）五月四日条は物乞について次のように伝える。

左近衛府《さこのえふ》中将の曹司《そうじ》の近辺で犬三・四頭が死童を喫《く》っていたのを下女が発見する。その死童は胸上と頭だけで手足はなかった。穢《けがれ》の由を伝えている間に、もう一度遣わしてみると今度は、五寸ばかりの骨三枚と腹骨の端少々になっていた。犬が囂《かしま》しく騒いでいたのはこのことか。曹司に近い厨家《くりや》の雑人《ぞうにん》が言うには、左近衛府の厨家の下女が病気のため出し遣わされ死去したが、その子どもの年一〇歳ばかりの女童が日夜、依止《えじ》するところがないので、厨家の近辺で物乞をしていた。しかし、その女童は日をおって衰弱し、遂に死相がみえるようになった。内教坊《ないきょうぼう》の南門に留まっていたが、今朝はその姿がなかった。おそらくは夜中に死臥したところを犬により喫われたのであろう。

ここには左近衛府の厨家で働く下女とその子の一〇歳ばかりの女童がみえるが、下女は病気となり厨家を追い出され死亡する。自らが属する家をもつものは、そこで死ぬことができたが、使用人が病気によって主家より出し遣わされるといった病者の遺棄は頻繁にみられることで、平安京社会では普遍的なことであった。おそらく、下女の子である女童は母に従い、厨家でお手伝い労働などに従事していたものと思われるが、病気の母とともに追い出され、結局のところ、母が死に女童は厨家の周辺で乞食をするのである。しかし、ついには衰弱死して犬に喫われたのであろうとされている。この母子は頼りとするもののない破片的家族であったが、母の死により女童は孤児へと転化し、人としての扱いを受けることなく、ついには亡くなってしまうのである。

乞食の具体的な姿は、『日本霊異記』(上四)「聖徳皇太子異《あや》しき表《しるし》を示す縁《ことのもと》」の聖徳太子と乞匃人《かたい》のエピソードに示されている。片岡《かたおか》村の路辺で乞匃人が病に臥しており、聖徳太子は行幸の往路でこの乞匃人に衣を与えるのだが、復路では乞匃人の姿は見えず、木の枝に与えた衣がかけられており、その衣を再度着るに際して、付き従う者は「賤《いや》しき人に触れて穢《けが》れたる衣、何すれぞ乏《とも》しくして更に著《き》たまう」と問いかける。実は乞匃人が聖であり、聖人である聖徳太子はそれを見抜いていたという話なのだが、乞匃人は賤しく穢れたものとされている。そして、この乞匃人は病身であった。おそらく粗末な衣服を身にまとうに過ぎないものであったろう。奴婢になることのできない、疎外された病者が乞食となるのであり、病気は乞食の基本的属性であった。

京中の物乞

京中の物乞や孤児は、平安京段階にいたって発生するのではなく、奈良時代の都城、平城京にも存在した。『続日本紀』天平勝宝八歳（七五六）十二月乙未条には、京中孤児を収集し衣糧を支給して養ったことがみえる。また『続日本紀』天平宝字六年（七六二）閏十二月丁亥条は「乞索児」一〇〇人を陸奥国に移配するとともに、一定の場所を占拠させ定住させようとしたとある。乞索児は、『日本三代実録』貞観九年（八六七）八月三日条にもみえるが、それによると、平安京の東西京の乞索児を収容するための宿屋二棟を木工寮《もくりよう》が建造し、それを左右京職《さゆうきようしき》が管理したとある。古代の乞索という表現は、法律用語であり、乞索の意味は財物を要求することにほかならない。

『和名類聚抄』が引用する揚氏漢語抄《ようしかんごしよう》には、乞索児は「ホカイビト」と読まれたことを示すとともに、乞索児は乞児であり、「カタイ」とも呼ばれたことが記されている。和語の「カタイ」とは物乞をする乞食の蔑称であり、乞索児とは物乞の童のことである。こうした物乞をする京中孤児こそが乞索児であった。

先に少しふれたように、天平宝字六年は飢饉に見舞われた。この年の天候は、全体として湿潤であったが不安定であり、夏には長雨で河内国の狭山池《さやまいけ》（四月丁巳）・長瀬堤《ながせのつつみ》（六月戊辰）が決壊するが、春三月には参河・尾張・遠江・下総・美濃・能登・備中・備後・讃岐等九国で旱《ひでり》が発生し（三月戊申）、遠江（四月戊午）・尾張（四月辛亥）・京師《みやこ》・畿内、伊勢・近江・美濃・若狭・越前（五月壬午）・石見（五月丁亥）・備前（五月己丑）・尾張（六月庚戌）といった国々で飢饉の被害が記録されている。深刻な全国的飢饉の年なのだが、年末には京中に乞索児が溢れる事態に陥ったのであろう。つまり、『続日本紀』天平宝字六年閏十二月丁亥条が示すのは、京中で物乞をして生活する孤児を一〇〇人、おそらく狩り集め、まとめて陸奥国に移送したということである。

貞観九年に行われた乞索児に対する施策も同様で、貞観七年から貞観九年にかけて湿潤な年がつづく。そもそも貞観年間には諸国で飢饉と疫病が頻発しており、貞観五年には神《しん》泉苑《せんえん》では怨霊《おんりょう》を鎮めるための御霊会《ごりょうえ》が執り行われたりもしたが、とりわけ貞観七年から八年にかけて、京や伊勢・志摩・因幡・出雲・隠岐・美作・備前・備中といった国々で飢疫の被害が発生した。貞観九年の段階で、京中には物乞する乞索児が溢れていたのである。そこで、彼らを収容する宿屋を特別に設けたのである。

このように飢饉の発生にともない、京中に乞索児が溢れるのだが、こうした物乞は、京内の市辺に多くあった（『続日本紀』天平宝字八年三月己未条）。「乞丐」・「乞索」するのは人の集まるところであり、それが市に他ならなかった。古代都城の市辺には、諸国から調庸などの租税を運んで上京した脚夫《きやくふ》をはじめ多くの飢人がいた。彼らは自らの属する地域社会や共同体から切り離され、疎外された存在として都城で物乞をして、かろうじて生命をつないでいたのである。

市辺の芸能者

『万葉集』三八八五と三八八六の歌は、大王を笑いものにする鹿と蟹の話で、「乞食者（ホカヒビト）」の詠んだ歌とされる。乞食はホカヒと訓まれるのだが、古代のホカヒはホカフの名詞形で、大殿祭（オオトノホカヒ）にも通じる。ホク・ホカフは讃えて祝うことを意味し、コトホギ（寿）・コトホグ（言祝ぐ）に通じる。これらの歌は、いずれも鹿と蟹が大君に仕えるために、身体を差し出す滑稽な歌である。鹿の場合、角は笠の装飾に、耳は墨壺に、眼は鏡に、爪は弭《ゆはず》に、毛は筆に、皮は箱に、肉や肝は膾《なます》に、内臓は塩辛にしてください、というように身体を差し出し、大君を言祝《ことほ》ぎ讃《たた》える歌である。本当は差し出す物を何ももたない乞食者が、芸能として歌うことに滑稽さがあるのだろう。おそらく市辺の乞食が演じたものと考えられるが、芸能は生き延びるための大切な手段でもあった。

『日本霊異記』（上一九）「法花経《ほけきよう》の品《ほん》を読む人を呰《あざけ》りて現に口喎斜《ゆが》み悪《あ》しき報《むくい》を得る縁《ことのもと》」は、碁をうつ自度僧《じどそう》が物乞を馬鹿にしたため、囲碁《いご》にも負けつづけ、法華経が説くように口が歪んでしまったという話だが、碁をうつ場にやってきた物乞の手段が法華経を読むことであった。法華経を読むというのは、いわば門付《かどつけ》け芸《げい》のようなものである。

こうしたさまざまな芸能者は、中世になると七一番職人歌合に見えるようになり、その頃には職人として社会化されるのだが、古代では社会的身分を構成する集団は形成されておらず、かろうじて命をつなぐにすぎなかった。彼らが互いに寄り添い、人として扱われるようになるまでには、もうしばらくの時間と新たな知恵が必要であった。

女性ばかりの平安時代の戸籍——エピローグ

緊張の緩和

庚午年籍・庚寅年籍が作成された七世紀は、列島社会が強烈な北東アジアの軍事的緊張に晒された時期であり、それに対応するために全国的な軍事と徴税の体制が整備された。八世紀には、そうした律令制システムがそれなりに機能していたが、例えば軍事についていうと、このように対外的な軍隊として構想されていた日本律令国家の武力は、新羅との全面戦争が回避されたため、海を渡ることはなかった。八世紀を通じて、唐・新羅との軍事的緊張はなし崩し的に緩和されることになり、それにともない日本の律令制も弛緩していった。

自然環境の変化にもふれておこう。古代の気象環境は、八世紀は総体として安定的で乾燥気味であった。時に乾燥や湿潤の顕著な際には、旱《ひでり》や霖雨《ながあめ》をもたらし、それをきっかけとする飢饉や疫病も発生するが、九世紀後半にいたって不安定化し湿潤化する。本来、作付けされて租や地子をなどの税を負担すべき田でありながら作付けされなかった田を不《ふ》堪佃田《かんでんでん》、作付けされながら水旱虫霜などの被害により収穫の減少した田は損田《そんでん》として把握されたが、九世紀の後半にはこれら不堪佃田や損田の発生が問題化した。こうした気候の変化が現実的背景にあって、口分田を班給して人々の再生産を支えるシステムも崩壊していった。

翻って考えてみるに、この時期は各地で大地震が頻発し、火山の噴火もみられ、飢饉に疫病が集中する時期でもある。いわば、九世紀後半は日本古代社会の全般的危機の時代であった。それぞれの現象は単発的なイベントに過ぎないかもしれないが、これらの自然現象に規定されて社会的には多くの困難があったことは間違いない。

阿波国戸籍

大宝二年籍（七〇二年）からちょうど二〇〇年後にあたる延喜二年（九〇二）の阿波国板野《いたの》郡田上《たかみ》郷戸籍を紹介しよう。田上郷戸籍は蜂須賀侯爵家に伝わったものだ。この二〇〇年で戸籍の姿は大きく変化している。

残念ながら大宝二年の御野国戸籍のように全体像はわからないが、戸の記載を抜き出してみると次のようになる。

戸主物部広成戸

割来物部子益、年四十一、上件一口、寛平八年籍所

貫同郷戸主凡直広岑戸口、

戸主物部広成　年七十六歳　耆老

妻家部春野売　年七十六歳　耆妻

妾家部稲薗売　年六十五歳　耆妻

女物部乙売　年五十四歳　丁女

女物部広成売　年四十九歳　丁女

女物部吉刀自売　年五十歳　丁女

女物部成刀自売　年四十八歳　丁女

女物部乙吉売　年五十歳　丁女

女物部乙古売　年三十八歳　丁女

女物部刀自売　年三十八歳　丁女

女物部乙刀自売　年三十七歳　丁女

女物部乙子売　年三十七歳　丁女

孫女物部雄屎売　年三十三歳　丁女

孫女物部全屎売　年二十七歳　丁女

妹物部花売　年七十五歳　耆女
姉物部玉依売　年八十六歳　耆女
妹物部吉売　年四十六歳　丁女
物部五月売　年八十四歳　耆女
物部花刀自売　年七十五歳　耆女
家部蘇麿　年八十三歳　耆老
妻家部秋売　年七十七歳　耆女
物部広吉　年五十四歳　正丁
男物部広麿　年一十歳　小子
弟物部広継　年四十七歳　正丁
弟物部子益　年四十一歳　宇志祝部
女葛木古刀自売　年七十九歳　耆女
凡直玉門売　年九十歳　耆女
妹物部広直売　年五十歳　丁女
妹物部直刀自売　年五十歳　丁女
妹物部萬売　年四十八歳　丁女

妹物部秋売　年三十二歳　丁女

合三十一　口二十九不課口四男　口二十五女

口二課口二正丁

一目ご覧いただければわかるように、大変興味深い戸口の構成である。戸主物部広成《もののべのひろなり》の戸の場合、戸口の合計は三一人で課口と不課口を総計して男性は六人、女性は二五人となり、男女比の差が著しい（『平安遺文』一八八）。これが第一の点である。すでに述べたように、男女の出生比は、例えば、二〇一七年の厚生労働省の人口動態統計では一〇四・九である。これは女性が一〇〇人に対して男性が一〇四・九人の割合で生まれるということだが、延喜二年戸籍の男女比は明らかに不自然であり、あり得ない比率だ。

また女性二五人のうち、耆女《きじょ》とされる六五歳以上の女性が九人もみられる。女性が多いだけではなく、高齢の女性が多いのである。ここでの最高齢は凡直玉門売《おおしのあたえたまかどめ》の九〇歳だが、田上郷戸籍には一〇〇歳超えの耆女もみられる。老女だらけなのである。

ちなみに、この戸における耆女の構成比は約三〇％である。こうした耆女が多くみられるという現象は物部広成の戸のみの現象ではなく、延喜二年籍では普遍的にみられるものだ。ちなみに同じ戸籍にみえる凡直広岑《おおしのあたえひろみね》の戸は四六人で構成されるが、このうち不課口は二人の男性と三九人の女性の四一人で、三九人の女性のうち六五歳以上の耆女は二二人で、六〇歳から六五歳の老女が二人いた。この戸でも戸口に占める耆女の構成比は四八％になる。これらの戸籍の記載が事実であるとするならば、女性のみ著しく長寿命化・高齢化が進行していることになる。

さらに、女性が多いこと、とりわけ耆女とされる高齢の女性が多いことに関連して、若年層がほぼみられないことも特徴だろう。小子が一人計上されているが、女性はいずれも丁女であり、最も若い女性が二七歳である。このように、若年層がみられないこともこの時期の戸籍の特徴で、これも不自然である。

最後の班田を命じた延喜二年三月十三日官符には、戸籍に注するところ、ほぼ或る戸は一人の男に一〇人の女を載せ、或る戸は戸内に男が一人もいない、その実を検証してみると、戸ごとに田を貪るために、妄《みだ》りに注載しているとあり、戸籍に登録されている戸口が女性ばかりであること、それが戸を単位に班給される田を貪るために行われることを示すが、これは延喜二年籍の実態をよく表現したものなのである（『類聚三代格』巻一五、校班田事）。

律令制下には、女性にも口分田は班給されるので、女性を登録しておけば班給される田が増えるのである。さらに女性が多いだけでなく高齢の女性が多いことも事実ではなかろう。奈良時代の出生時平均余命を考えるならば、このように高齢者が多く在るのは不自然である。しかもいずれも女性だ。女性を登録し、その女性が生きていることにするならば口分田が班給されつづけるのである。現代でいえば、亡くなった老親に支給されていた年金の不正受給のようなもので、事実を偽った戸籍への登録が行われていたのだ。こうした偽籍《ぎせき》は、当時の戸籍の信憑性に関わるものなのだが、九世紀の後半には看過し得ない状況になっていたのである。

偽籍の横行

このように、事実を偽る主体として口分田を班給される一般の人々が考えられるのだが、実はこの問題は、当時の官僚システムにも根ざすものでもあり、問題はそう単純なものではなかった。

この点に関連して注意したいのは、『日本三代実録』貞観六年（八六四）正月二十五日条の記事で、これは国司・郡司の勤務成績を評価するにあたり、租税負担義務のない不課口を検出しても戸口増益《ここうぞうえき》として評価するのを止めよと命じたものだ。この命令は、民部省主計寮《しゅけいりょう》からの申し出を受けて太政官が発したものだが、民部省主計寮では、これまで令条、すなわち考課令国郡司条の規定によって、国司・郡司の成績評価には戸口増益という項目があり、戸口すなわち人口の増益数が彼らの考課に影響したのだが、その際、租税を負担する課口だけが数えられるのではなく、租税を負担しない不課口六丁が課口一丁に換算されることになっていた。現在、飢饉と疫病で百姓の死亡を進上する国が多く、租税収入が減少しているが、そのような状況で国司らは戸口増益を主張して、租税が課されない不課の男女を戸籍・計帳に編附している。或る国は一万余人、或る国は五、六千人にのぼる増益を計上するが、租税はまったく集まらない。これでは困るので、これ以降、不課口の増益を国郡司の成績評価に加えないようにしてはどうか、という申し出で、それを太政官が五畿七道諸国、すなわち全国に命じたものである。

『続日本後紀』承和八年（八四一）八月辛丑条では、相模国高座《たかくら》郡の大領である壬生直《みぶのあたえ》黒成《くろなり》に外従五位下が授けられるのだが、その理由の一つが戸口の増益三一八六人、その内訳は不課口が二九四七人、課口が二三九人であった。ここにみえる不課口の数が、虚偽であるかはわからないが、計上されている数値は籍帳に記載されたものであったろう。課口が占める総人口比は、男女比や当時の人口構成を考えれば元来少ないものだが、増益した戸口に占める不課口の数が如何に多いかがうかがえる。

こうした不課口には租税負担義務がないので、これを水増ししたところで、国司・郡司の徴税業務に何ら影響は生じないのである。そればかりか、考課令の規定では、かえって彼らの評価が上がるのであり、国司・郡司が不課口の不実記載を行う動機になったはずである。一〇世紀初頭の戸籍の姿は、不課口の水増しによる不実記載が累積したものに他ならなかった。

律令制の崩壊

律令制が弛緩するとともに、中央政府は地方行政をつかさどる国司・郡司の責任を厳しく追及するようになるが、こうした不実記載はいよいよ増加したと思われる。時代が降るにつれ、籍帳は実態と乖離してゆくのであった。そのため戸籍を通じて、当時の社会を考えるためには、最も古く、かつ最もまとまって残っている戸籍を利用しなければならないのである。

古代社会の流動性は高く、籍帳で人身を把握することはもとより困難であり、浮浪・逃亡という現象が構造的に発生していたのだが、時代が下るほどに戸籍・計帳により人を把握する精度は低くなっていった。九世紀になると在地の有力農民が諸司《しょし》・院宮王臣家《いんぐうおうしんけ》の雑《ぞう》色人《しきにん》に編入されることで課役免除を獲得する動きが顕著になり、国司が中央政府に納める調庸の貢納量を減ずるために課丁数を操作することもあった。

こうして九世紀を通じて課丁数が減少してゆくのだが、一〇世紀に入り、延喜年間を最後に中央政府は、ついに班田の実施を放棄し、戸籍・計帳に基づく人身別の課税から、課税対象を土地へと転換する。一〇世紀の後半には、大帳や正税帳《しょうぜいちょう》の形骸化もすすみ、最終的に帳簿による管理システムは解体した。国司は、中央政府より委任された国内の軍事指揮権・裁判権とともに大きな権限を手に入れるが、それと引き替えに中央政府は都市平安京の王朝政府へと縮小するのであった。

あとがき

本書執筆のお話しがあったのは、二〇一六年のことである。グズグズと取りかかりもせず、雑事に追われる日々を過ごしていたのだが、翌年の二〇一七年九月にここ数年来病床にあった実父が他界した。肉親を亡くされた方なら経験していることだが、人の死後は何かと手続きが大変である。離れて暮らしていたこともあり、最後まで面倒を見たのは妹なのだが、彼女が父の戸籍を取り寄せ、さまざまな手続きをしてくれた。

私が生を受けた段階で、すでに直系親族は父と母しかいなかった。私の場合、照れくさいのか肉親とあまり込み入った話はしなかったし、早くに実家を離れたので、父の人生の詳細はほとんど知らなかったが、戸籍を読み解くと色々なことがみえてきた。

父の戸籍とともにその父（私の祖父）の戸籍を取り寄せてみると、父方の親族集団が生活の中心としていたのは、隅田川から東の江戸の下層社会であった。よく見知った地名が散見され、生活圏に大きな変化がないことに目眩を覚えた。

こうした下層民についても、近代になって、はじめて戸籍制度が導入された際、それまでの係累をある程度たどることが行われたらしい。父の曽祖父は文政四年（一八二一）十二月二十三日に出生したこと、その人物の父と母の名も記録されている。この始祖的人物から数えると私は五世孫にあたることになる。始祖からの系譜的距離というのは古代社会を考える重要な鍵だが、五世孫とはこういうものかと実感した。しかし、父の曽祖父でさえ、「死亡年月日及場所不詳、届出ヲナス者ナキニ付キ」として東京区裁判所の許可により除籍処理が行われているように、その先などはたどりようがない。

そして、少なくとも近代に入ってからは、明確に家が設けられたのだということも痛感した。庶民の戸籍にさえ戸主や家督相続の記載があり、養子縁組・離縁などの詳細が記録されている。まさに家制度そのものだ。葬儀についても同様で、家があれば檀那寺とその宗旨がある、と多くの者が思い込んでいる。現代の庶民の思考までを、たかだか二、三〇〇年の江戸時代の経験が規定していることに、とりわけ古い歴史を研究するものとして驚きを禁じ得なかった。私が非常識なだけだが。

興味本位ついでに、父の母方（私の祖母）の戸籍も取り寄せてみた。こちらは江戸の近郊農村の出身であった。その場所に土地勘は全くなく、縁も切れているのだが、ネットで調べてみると今でも祖母の縁者がお住まいらしい。こちらはいろいろ調べようもありそうだが手はつけていない。祖母がどのような経緯と事情があって東京に出てきて、祖父と結ばれたのか、歴史を研究する者として、あれこれ想像できないこともないが、このへんで止めておこう。歴史家にとって戸籍は実に面白い読み物なのであった。

二〇一九年六月

今津勝紀

参考文献

今に伝わる古代の戸籍―プロローグ

井戸まさえ『日本の無戸籍者』岩波新書、二〇一七年。

遠藤正隆『戸籍と無戸籍―「日本人」の輪郭―』人文書院、二〇一七年。

古代の戸籍

池田温『中国古代籍帳研究―概観・録文―』東京大学出版会、一九七九年。

葛飾区郷土と天文の博物館編『東京低地と古代大嶋郷―古代戸籍・考古学の成果から―』名著出版、二〇一二年。

岸俊男『日本古代籍帳の研究』塙書房、一九七三年。

新川登亀男・早川万年編『美濃国戸籍の総合的研究』東京堂、二〇〇三年。

清家章『埋葬からみた古墳時代―女性・親族・王権―』吉川弘文館、二〇一八年。

直木孝次郎『飛鳥奈良時代の研究』塙書房、一九七五年。

戸口と貧富

今津勝紀「古代家族の復原シミュレーションに関する覚書」『国立歴史民俗博物館研究報告』一九一、

国立歴史民俗博物館、二〇一四年。

鎌田元一『律令公民制の研究』塙書房、二〇〇一年。

澤田吾一『奈良朝時代民政経済の数的研究』柏書房、一九七二年（復刻版）。

関山直太郎『日本の人口』至文堂、一九五九年。

田中禎昭『日本古代の年齢集団と地域社会』吉川弘文館、二〇一五年。

戸田芳実『日本領主制成立史の研究』岩波書店、一九六七年。

南部　昇『日本古代戸籍の研究』吉川弘文館、一九九二年。

速水　融『歴史人口学の世界』岩波現代文庫、二〇一二年。

ピエール・グベール『歴史人口学序説—一七・一八世紀ボーヴェ地方の人口動態構造—』岩波書店、一九九二年（遅塚忠躬・藤田苑子訳）。

戸籍からみた婚姻

明石一紀『日本古代の親族構造』吉川弘文館、一九九〇年。

石母田正「奈良時代農民の婚姻形態に関する一考察」『石母田正著作集第一巻　古代社会論Ⅰ』岩波書店、一九八八年（初出一九三九年）。

今津勝紀「日本古代における婚姻とその連鎖をめぐって」武田佐知子編『交錯する知　衣装・信仰・女性』思文閣出版、二〇一四年。

杉本一樹『日本古代文書の研究』吉川弘文館、二〇〇一年。

関口裕子『日本古代婚姻史の研究』上・下、吉川弘文館、一九九三年。

高群逸枝『招婿婚の研究』講談社、一九五三年。

藤間生大「郷戸について」『社会経済史学』一二―六、一九四二年。

服藤早苗『平安朝の女と男―貴族と庶民の性と愛―』中公新書、一九九五年。

山尾幸久『日本古代国家と土地所有』吉川弘文館、二〇〇三年。

義江明子『日本古代女性史論』吉川弘文館、二〇〇七年。

吉田　孝『律令国家と古代の社会』岩波書店、一九八二年。

古代の恋愛と婚姻

伊東すみ子「奈良時代の婚姻についての一考察（一）（二）」『国家学会雑誌』七二―五、七三―一、一九五八・五九年。

今津勝紀「古代の家族と女性」『岩波講座　日本歴史4』古代4、岩波書店、二〇一五年。

栗原　弘『万葉時代婚姻の研究―双系家族の結婚と離婚―』刀水書房、二〇一二年。

田中良之『古墳時代親族構造の研究―人骨が語る古代社会―』柏書房、一九九五年。

寺田恵子「上代の「トフ」と「トフ」に付く助詞をめぐって」『美夫君志』三七、一九八八年。

栃尾有紀「万葉語「～ヅマ」について」『上代文学』九三、二〇〇四年。

流動性の高い古代社会

今津勝紀「歴史のなかの子どもの労働―古代・中世の子どもの生活史序説―」倉地克直・沢山美果子編『働くこととジェンダー―続・男と女の過去と未来―』世界思想社、二〇〇八年。

今津勝紀「日本古代における生存と救済の問題」『岡山大学文学部紀要』七一、二〇一九年。

斎藤研一『子どもの中世史』吉川弘文館、二〇〇三年。

坂江　渉『日本古代国家の農民規範と地域社会』思文閣出版、二〇一六年。

新村　拓『日本医療社会史の研究―古代中世の民衆生活と医療―』法政大学出版局、一九八五年。

田村憲美『日本中世村落形成史の研究』校倉書房、一九九四年。

西山良平『都市平安京』京都大学出版会、二〇〇四年。

山本太郎『感染症と文明』岩波新書、二〇一一年。

吉村武彦「古代の恋愛と顔・名・家」吉田晶編『日本古代の国家と村落』塙書房、一九九八年。

女性ばかりの平安時代の戸籍―エピローグ

今津勝紀「日本古代の籍帳制度と社会」歴史教育者協議会『歴史地理教育』八七八、二〇一八年。

佐藤泰弘『日本中世の黎明』京都大学学術出版会、二〇〇一年。

著者略歴

一九六三年、東京都に生まれる
一九八六年、岡山大学文学部史学科卒業
一九九一年、京都大学大学院文学研究科国史学専攻研究認定退学
現在、岡山大学大学院社会文化科学研究科教授

〔主要著書・論文〕

『日本古代の税制と社会』（塙書房、二〇一二年）
「古代播磨の『息長』伝承をめぐって」（『日本史研究』五〇〇、二〇〇四年）
「古代における災害と社会変容―九世紀後半の危機を中心に―」（『考古学研究』五八―二、二〇一一年）

歴史文化ライブラリー
488

戸籍が語る古代の家族

二〇一九年（令和元）十月一日　第一刷発行
二〇二一年（令和三）五月二十日　第三刷発行

著　者　今《いま》津《づ》勝《かつ》紀《のり》
発行者　吉川道郎
発行所　株式会社 吉川弘文館
東京都文京区本郷七丁目二番八号
郵便番号一一三―〇〇三三
電話〇三―三八一三―九一五一〈代表〉
振替口座〇〇一〇〇―五―二四四
http://www.yoshikawa-k.co.jp/
印刷＝株式会社平文社
製本＝ナショナル製本協同組合
装幀＝清水良洋・高橋奈々

ISBN978-4-642-05888-9

歴史文化ライブラリー

1996.10

刊行のことば

現今の日本および国際社会は、さまざまな面で大変動の時代を迎えておりますが、近づきつつある二十一世紀は人類史の到達点として、物質的な繁栄のみならず文化や自然・社会環境を謳歌できる平和な社会でなければなりません。しかしながら高度成長・技術革新にともなう急激な変貌は「自己本位な刹那主義」の風潮を生みだし、先人が築いてきた歴史や文化に学ぶ余裕もなく、いまだ明るい人類の将来が展望できていないようにも見えます。このような状況を踏まえ、よりよい二十一世紀社会を築くために、人類誕生から現在に至る「人類の遺産・教訓」としてのあらゆる分野の歴史と文化を「歴史文化ライブラリー」として刊行することといたしました。

小社は、安政四年(一八五七)の創業以来、一貫して歴史学を中心とした専門出版社として書籍を刊行しつづけてまいりました。その経験を生かし、学問成果にもとづいた本叢書を刊行し社会的要請に応えて行きたいと考えております。

現代は、マスメディアが発達した高度情報化社会といわれますが、私どもはあくまでも活字を主体とした出版こそ、ものの本質を考える基礎と信じ、本叢書をとおして社会に訴えてまいりたいと思います。これから生まれでる一冊一冊が、それぞれの読者を知的冒険の旅へと誘い、希望に満ちた人類の未来を構築する糧となれば幸いです。

吉川弘文館